南九州質感漫旅

みなみきゅうしゅう

熊本・宮崎・鹿兒島

作者——Gloria　　插畫——Panda 彭達熊

熊本，隨時歡迎大家的到來！

位於九州正中央的熊本縣，被廣闊的大自然所包圍着，絕景、溫泉、歷史、美食都應有盡有。Gloria所著的《南九州質感漫旅》書中，由淺入深地介紹了不同主題的路線及旅遊方法，無論是熊本初心者，還是已來熊本多次的老朋友，都希望各位能透過此書，發掘更多熊本的魅力。以大家熟悉的阿蘇火山為首，書中還有提及到充滿昭和傳統感覺的黑川溫泉街、少見的馬肉刺身，甚至數年前因地震而受到破壞的熊本城，其修復工程亦快將完成、近期將再次開放予公眾。

隨着熊本往返台灣、香港的航班越來越多，大家也能更方便快捷地來到當地旅遊。我們隨時都歡迎大家的到來，熊本見！熊本で会いましょう！

熊本縣貿易協會熊本香港事務所
所長　板東良明

美景、美食與日本近代史交織而成的城市鹿兒島

鹿兒島縣擁有溫暖的氣候和豐富的天然資源，大海、離島、森林、火山等等天然環境一應俱全。其中，聞名於世的包括有世界少有的活火山「櫻島」、溫泉勝地「霧島」、以及難得一見的「指宿」天然砂蒸。

被得天獨厚的天然環境所眷顧的鹿兒島因此能夠生產出各種首屈一指的美食，如鹿兒島和牛、鰤魚以及鹿兒島黑豚等等。還有黑薩摩雞、薩摩魚餅、燒酎等等數之不盡的健康美食。

另一方面，眾多活躍於近代日本史幕末時期以及明治維新的偉人——西鄉隆盛和大久保利通等人其實也出身於鹿兒島，所以鹿兒島擁有許多有關明治維新的歷史舞台以及名勝古蹟。在本書亦有對深入淺出地介紹這段日本近代史，記述了鹿兒島的偉人們是如何領導及推動日本成為一個新的國家。

嘆為觀止的美景、大飽口福的美食、心曠神怡的溫泉、見證歷史的遺跡，應有盡有，希望大家能親臨鹿兒島旅遊，體驗鹿兒島的魅力！

鹿兒島縣香港事務所
所長　竪山英之
譯：林卓萱

神話、陽光、美食，宮崎之美躍然紙上

宮崎縣位於九州的東南部，從南至北有一條連綿不絕的日南海岸線，氣候溫和、洋溢南國風情。當我翻閱《南九州質感漫旅》時，我感到十分驚喜，她首先以〈特輯〉「日向神話」中多位神明作為介紹，為宮崎縣揭開了序幕，目前為止可算是首本旅遊書以「神話」故事為序幕去介紹宮崎縣，非常精采！而且的確，宮崎縣多個著名的觀光景點均與「神話」故事有著密切關係，充滿著濃厚的「神話」色彩。大家可以透過Gloria細膩的文字和插畫師精緻可愛的圖畫，認識有趣的「神話」故事之餘，又可以對每一個著名景點，例如青島神社、鵜戶神宮和高千穗峽等有更深刻認識。

另外，書中介紹連續3屆勇奪日本「內閣總理大臣賞」，有「日本一」美譽之稱的宮崎牛，宮崎鄉土料理的南蠻雞和炭火烤地雞。還有，由溫暖日照所孕育出來的新鮮水果：金橘、日向夏和芒果等等，這一切一切都是宮崎縣物產豐富和優質的印証。

希望讀者不單止細閱內文，更加可以親身蒞臨宮崎縣遊覽美景和盡情品嘗美食，度過一次難忘的宮崎之旅。

宮崎縣香港事務所
代表 殿所大明

作者序

第二次的九州之旅，就去南九州吧！

如果跟你說，「我除了在成田機場轉機以外，其實還沒去過東京。」你大概會覺得有點驚訝，一個撰寫日本旅遊書的人竟然沒有去過東京!?因為比起前往熱鬧的大城市，現在的我比較喜歡發掘一些「非熱門」的地區。

說真的，我並沒有制霸日本47都道府的雄心壯志，但這幾年卻因為工作採訪的關係而一不小心制霸了九州7縣，每一次的造訪也增加我對這個地方的好感，偶爾找到還沒被媒體大肆報導的私房景點而竊喜不已。

跟很多人一樣，我的第一次九州之旅也是以福岡為目的地。擁有接近160萬人口的福岡市是九州最大的城市和政治經濟中心，因此大部分的人都以此作為第一次九州之旅的起點。相比起北九州地區，南九州可能是一個稍稍「進階」的旅行地區。

一般來說，南九州指的是鹿兒島縣和宮崎縣兩個縣，但廣義的南九州泛指南部的九州地區，這次跟大家介紹的是位於九州南端的熊本縣、鹿兒島縣和宮崎縣。

九州是眾所週知的「鐵道王國」，如果說「由布院之森」是北九州的明星列車，南九州這邊也有多列高人氣的D&S觀光列車，例如復古蒸汽火車「SL人吉」、以浦島太郎傳說命名的「指宿之玉手箱」、爵士樂風格的「坐A列車去吧」、以宮崎神話為靈感的「海幸山幸」等等，只要坐一趟就會自動成為鐵道迷！

除了是「鐵道王國」，九州也有「溫泉天國」的美譽，溫泉的湧泉數和湧出量也堪稱日本第一！在南九州的溫泉地，你可以躲進以山間秘湯聞名的黑川溫泉，暫時忘卻世間的煩惱；或是跟隨坂本龍馬與妻子阿龍的足跡，窺探那趟在霧島溫泉的「日本最初的蜜月旅行」，除了一般的泡湯，還能在指宿體驗世界罕有的砂蒸溫泉，多樣化的溫泉體驗讓人趨之若鶩。

第二次的九州之旅，就去南九州吧！

gloria

關於作者　Gloria

由第一次自助旅行至今超過10年，由窮遊背包客變成慢活小資女，足跡遍及歐洲各國、澳洲、亞洲等地。喜愛日本傳統文化，為了「逃避」人擠人的觀光客人潮，常跑一些稍微冷門的日本地區，興趣是探祕在地人才知道的私藏景點，逛神社和泡溫泉是每次旅行的指定行程。

2014年創立個人網站「Slow and Travel」，內容涵蓋旅行、藝術資訊、生活品味、美食等，以攝影系畢業生和平面設計師的獨到眼光，呈現知性有深度的資訊，同名臉書專頁至今粉絲數超過2萬。

曾獲邀出席旅遊分享會和接受電台訪問，著有《日本中部質感漫旅》一書。

臉書專頁
slowandtravel

個人網站
slowandtravel.com

關於插畫　Panda 彭達熊

插畫家。

一個沒了手帳跟Planner可能活不了的香港女生，夢想是利用手帳達成夢想，擁有一本真正的完夢手帳～（笑）最喜歡畫圖、看書和寫字。請多多指教！

IG帳號
panda_531

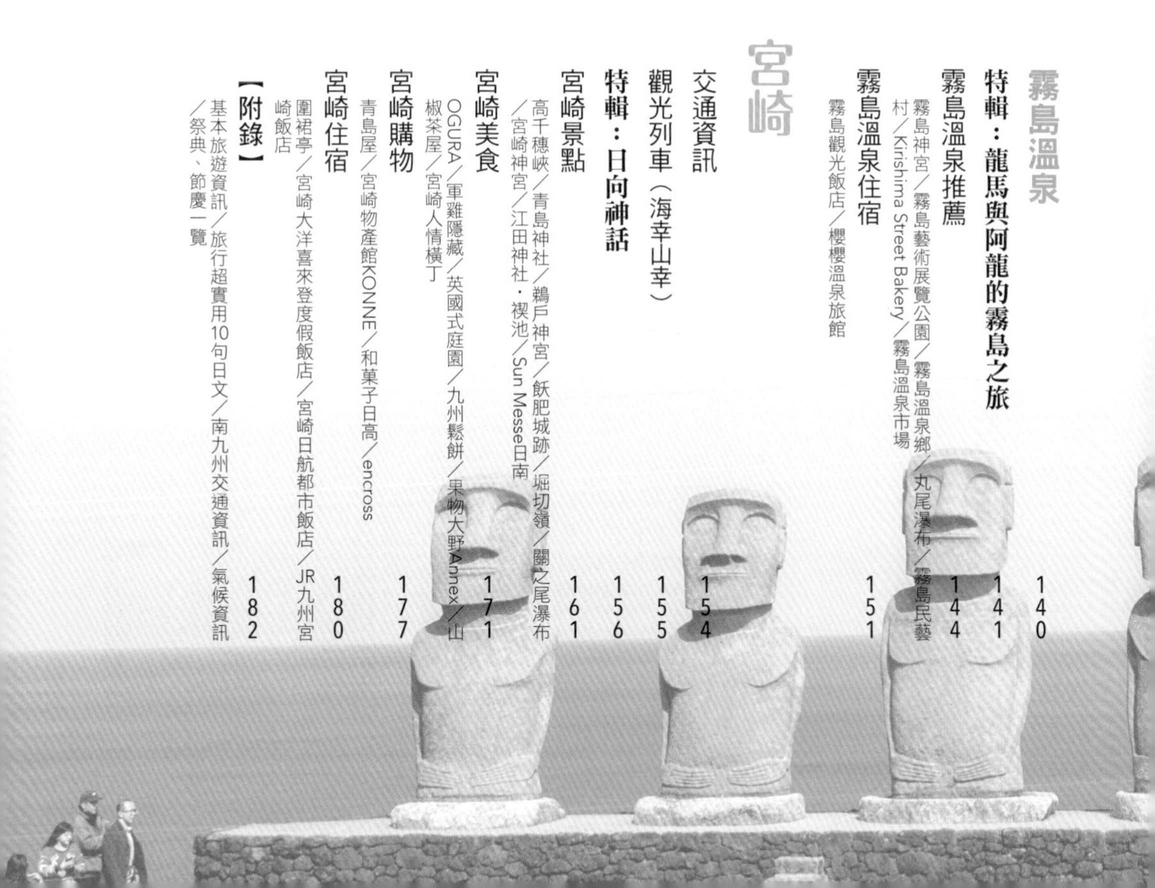

索引地圖

計畫一趟減速的南九州慢旅行

日本的四大島分別是本州、北海道、四國和九州。九州的占地面積和台灣差不多大，這裡沒有東京的亮麗，也沒有大阪的熱鬧，但循著歷史的足印，你可以在九州探索日本的近代發展史，體驗完好保留的傳統日本文化和風景；也近距離感受海洋的遼闊，細味山好水好之地產出美味的農產品，當然也少不了溫泉。

近年，隨著航點陸續增加，旅客不再只著眼於熱鬧的北九州，加上整個九州被方便快捷的JR列車網路覆蓋，遊覽的景點也漸漸由福岡、長崎、別府等人氣地區延伸至南九州。

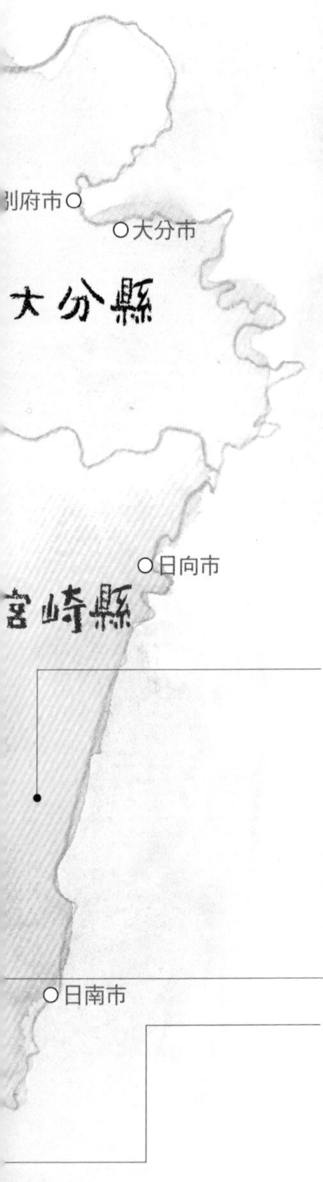

黑川溫泉・くろかわおんせん(P.73)

在彷如世外桃源一般的山間祕湯，來一趟露天風呂巡遊

宮崎・みやざき(P.152)

從前神話故事的舞台，如今成為戀愛祈願的景點

知覽・ちらん(P.102)

有「薩摩小京都」美譽的知名產茶區

指宿・いぶすき(P.129)

砂蒸溫泉可以穿著浴衣，嘗試埋在高溫砂堆中的獨特體驗

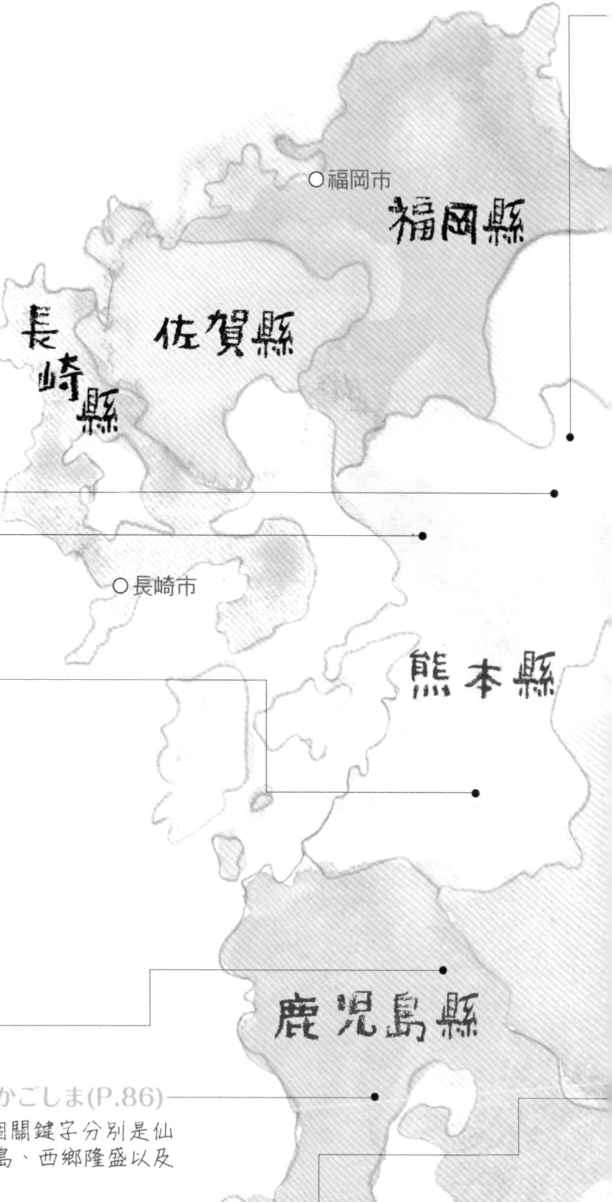

阿蘇・あそ(P.59)

在「火之國」的活火山旁邊感受地球的呼吸

熊本・くまもと(P.42)

「熊本三大名物」分別是熊本城、阿蘇火山和熊本熊

人吉・ひとよしし(P.80)

保留700餘年歷史氣息的古城，也是鐵道迷的天堂

霧島・きりしま(P.140)

日本最初的蜜月旅行，主角是坂本龍馬與妻子阿龍

鹿兒島・かごしま(P.86)

鹿兒島4個關鍵字分別是仙巖園、櫻島、西鄉隆盛以及燒酎

景點推介

第一次來南九州，去這裡就對了！

熊本城・くまもとじょう

「日本三大名城」之一的熊本城於1607年竣工，總面積約98萬平方公尺，城內共有3座天守閣、49座城樓、18個門樓、29座城門。加藤清正獨特的築城技術，造就熊本城成為牢不可破、易守難攻的名城。熊本城內多座建築物在2016年的地震中嚴重毀損，預計修復需時20年。

遊客現只可沿著指定路線進入熊本城的參觀區域

阿蘇山・あそさん

阿蘇山並非單指一座山，而是整個阿蘇火山臼地形中心區域的火山群總稱。其中最高的5座山被稱為「阿蘇五岳」，至今還有頻繁火山活動的是中岳。遊客乘車抵達火山口旁，近距離感受這個活火山的氣勢！不過在火山活動較為劇烈時，火山口周圍的區域會禁止入內，請多留意火山口的噴火警告。

一直冒著白煙的阿蘇中岳火山(圖片提供／Gigi Lau)

仙巖園・せんがんえん

別名「磯庭園」的仙巖園，是江戶時代薩摩藩主島津家的別邸，由第19代島津光久於1658年建造，有「天下名園」的美譽。取名自中國江西省龍虎山的地名「仙巖」，庭園造景受到中國文化影響，其特點是採用借景技法，以庭園面對的櫻島活火山為假山、錦江灣為池塘。

仙巖園是島津家的別邸

櫻島・さくらじま

與鹿兒島市一海之隔的櫻島是一座活火山，乘搭渡輪15分鐘就能登島。漫步在櫻島上，每個角落都能見到火山口裊裊長煙的景象，並成為鹿兒島的代表景觀之一。雖然至今仍持續有小規模的爆發，但噴發出來的火山灰並不會影響健康，遊客可安心造訪。

近距離欣賞櫻島活火山的英姿

日南海岸・にちなんかいがん

全長約100公里的日南海岸被譽為「戀旅之路」，串連起青島神社、堀切嶺、鵜戶神宮等縣內具代表的戀愛祈願景點，沿途更擁有連綿不絕的山海美景，不能錯過名為「鬼之洗衣板」的海蝕岩平台，被海水沖刷而成的獨特地形，堪稱鬼斧神工！

環繞在青島神社的「鬼之洗衣板」是宮崎縣最具代表性的自然景觀之一 (圖片提供／公益財団法人 宮崎県観光協会)

高千穗峽・たかちほちょう

高千穗地區是神話故事「天孫降臨」和「太陽神隱居天岩戶」的舞台。這個彷如仙境一樣的高千穗峽是宮崎的自然奇觀之一，置身高達80～100公尺、長約7公里的斷崖中，不管是泛舟於峽灣，還是沿著岸邊步道遊走，皆能欣賞讓人心曠神怡的四季美景！

彷如世外桃源一般的高千穗峽 (圖片提供／公益財団法人 宮崎県観光協会)

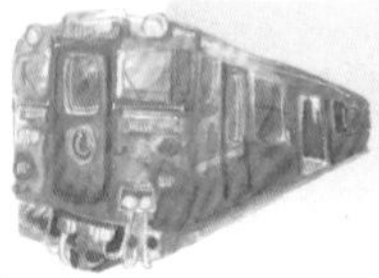

觀光列車

坐上「D&S 列車」，來一趟極上鐵道之旅

探索日本鐵道的歷史，猶如翻開日本的近代史。日本首條鐵路誕生於明治 5 年 (1872 年)，「車窗」一詞也是明治時期才出現的新詞彙。鐵道旅行的魅力大概是：在抵達目的地之前，就能透過車窗飽覽沿途風景，任由旅行的情緒恣意蘊釀。

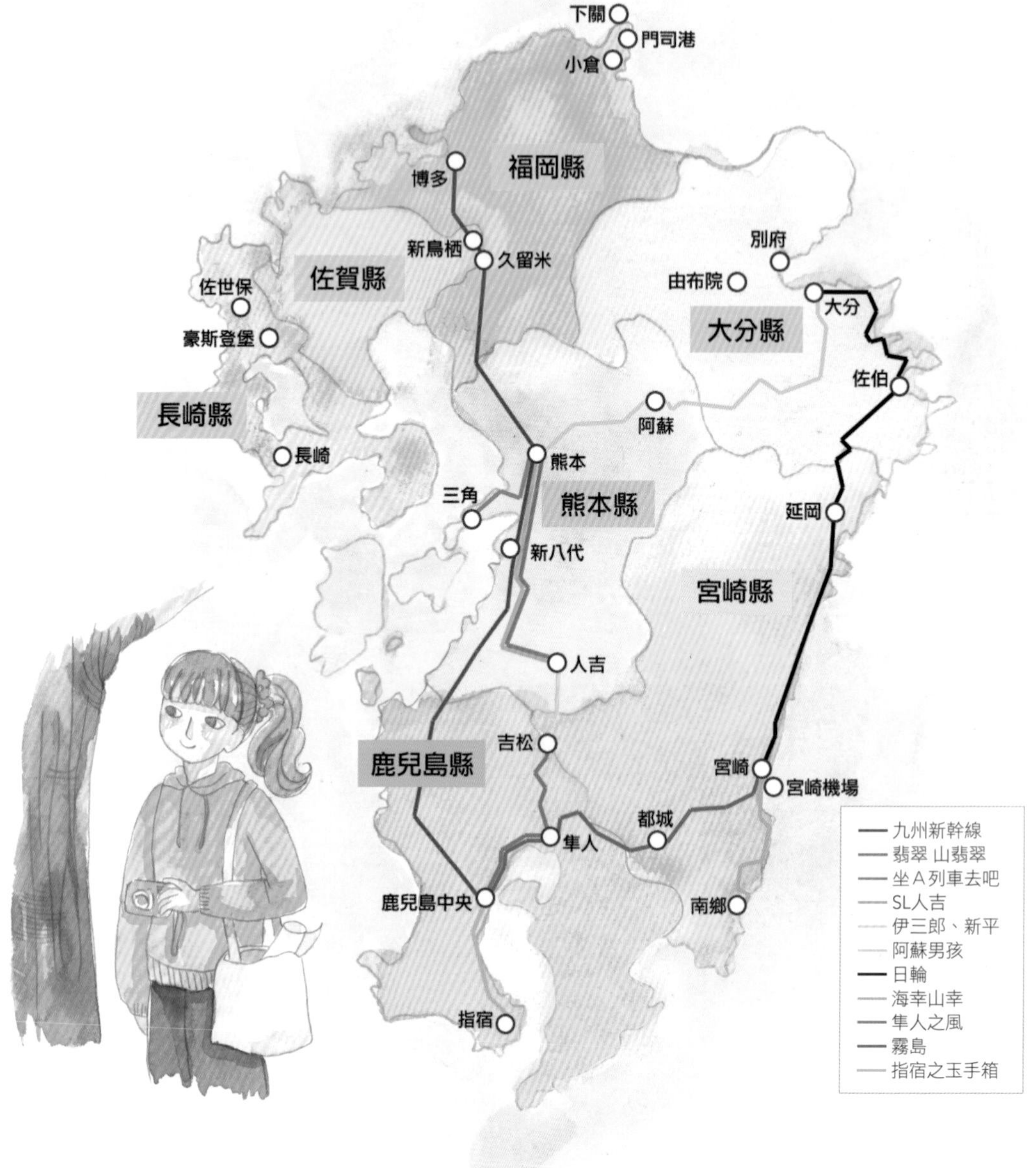

鐵道王國——JR九州

自1989年推出第1條觀光鐵路路線——「由布院之森」，7年後加入有「日本三大車窗」美譽的「伊三郎．新平」，接下來橫穿九州中部的「九州橫斷特急」，和連接肥薩線吉松站和鹿兒島中央站的「隼人之風」開始營運。到了2007年，人氣高漲的復古蒸汽火車「SL人吉」，和以宮崎神話為靈感的「海幸山幸」相繼登場。2011年，新增爵士樂風格的「坐A列車去吧」、以浦島太郎傳說命名的「指宿之玉手箱」、深受親子旅客喜愛的「阿蘇男孩！」，以及在2017最新加入的「翡翠 山翡翠」。

這10列觀光列車被命名為「D&S列車」(Design & Story)，透過設計和故事，賦予列車魅力，讓人光是坐在車廂裡就能感受到鐵道旅行的樂趣！

「翡翠 山翡翠」與「伊三郎．新平」

每台觀光列車都設有蓋章處，和專屬的乘車紀念證

JR九州觀光列車之父——水戶岡銳治

JR九州觀光鐵道品牌化得以成功，有賴岡山縣出身的日本工業設計師水戶岡銳治，他擔任JR九州的設計顧問，並設計出多款得獎觀光列車和車站，因而在交通產業中享負盛名。

要數水戶岡銳治最具代表性的作品必定是「九州七星號列車」(ななつ星in九州)，這台環繞九州行駛的奢華臥鋪列車，主要針對高消費力的旅客，依據季節提供不同天數的套裝行程，最「便宜」的2天1夜行程，雙人房每人索價¥315,000起。雖然價格不斐，但自2013年推出以來，預約人數遠遠高於可供應人數，預約成功率一度只有3%，就算有錢也不一定可以搭乘！

由九州七縣而命名的「九州七星號列車」

亂世英傑

細數那些動蕩時代的領袖人物

明治維新推翻長達260多年的江戶幕府體制，讓日本走向現代化。在那個動盪不安的時代，只要懷抱改革的勇氣和決心，就算出身平凡的人也能締造歷史！來認識一下這些叱咤幕末，並開創新時代的重要人物及其相關事蹟吧。

西鄉隆盛 Saigo Takamori

敬天愛人的的末代武士

生卒：1828～1877年

其他名稱：吉之助，號南洲

配偶：西鄉須賀(元配)，西鄉糸子(繼室)，愛加那(妾)

小軼事：據説西鄉隆盛非常討厭拍照，連一張照片也沒有留世，現今流傳最廣的肖像畫是義大利版畫家Edoardo Chiossone以其弟西鄉從道，以及表弟大山岩2人為原型繪畫的。西鄉隆盛的塑像在東京上野恩賜公園揭幕時，他的妻子糸子曾表示：「我丈夫不是長這個樣子。」

座右銘：敬天愛人

一起了解西鄉隆盛：西鄉洞窟(P.99)，南洲神社(P.95)

西鄉隆盛出生於鹿兒島加治屋町，本來是下級武士，因獲得薩摩藩主島津齊彬的賞識而被提拔重用，為江戶幕府後期的核心人物之一，致力於促成「薩長同盟」和「江戶無血開城」等事件。西鄉隆盛是明治維新的元勳，與同是名臣的大久保利通、木戶孝允並稱為「維新三傑」。

為了維護武士的權益與地位，西鄉隆盛在明治10年發動日本最後一場內戰「西南戰爭」，戰敗後舉刀自刎，享年49歲。西南戰爭雖然被定調為叛亂，但明治政府後來因輿論壓力而特赦。西鄉隆盛終生貫徹其「敬天愛人」的原則，亦因具備了惻隱之心與慈悲之心，至今依然深受日本人的尊崇。

更多介紹請見P.93～95。

大久保利通 Okubo Toshimichi

積極引入資本主義的政治家

生卒：1830 ～ 1878 年

其他名稱：一藏，號甲東

配偶：大久保滿壽子

小軼事：大久保利通與西鄉隆盛同為薩摩出身，也是「維新三傑」之一，但不單故鄉鹿兒島人不喜歡他，幾乎所有日本人也對他沒太大好感，儘管他對明治維新貢獻甚大，但卻被定性為「反派角色」一樣的存在，於觀光宣傳上也往往只以配角登場。

座右銘：為政清明

一起了解大久保利通：維新故鄉館 (P.95)

推翻德川幕府以及推動明治維新作出巨大貢獻的政治家，也為日本的資本主義奠下基礎。與西鄉隆盛識於微時，曾出生入死，後來因政見不合而決裂。大久保利通作風強硬，曾自稱「東洋俾斯麥」，鐵腕鎮壓士族叛亂，並逼使西鄉隆盛舉兵作反。明治 11 年遭暗殺，享年 48 歲。

島津齊彬 Shimazu Nariakira

帶領薩摩藩在幕末崛起的領袖

生卒：1809 ～ 1858 年

其他名稱：又三郎，神號照國大明神

配偶：恒姫 (正室)，側室：田宮安知之女、伊集院須磨、旗本橫瀨克己之女

小軼事：島津齊彬喜歡西洋事物，他在 1848 年獲得首部進口日本的銀版攝影法照相機，並命令其隨從研究如何用其拍攝照片。齊彬的首張個人照被證實是由日本攝影師拍攝的銀版攝影法照片中歷史最悠久的，更被政府在 1999 年將其定為「重要文化財產」。

座右銘：思無邪

一起了解島津齊彬：尚古集成館 (P.98)，仙巖園 (P.96)

隨著江戶幕府日漸衰落，雄藩崛起。其中，島津家第 28 代當主島津齊彬被譽為是當時屈指可數的明君，他採用富國強兵的政策，引入西方文化推進「集成館」事業，並且不問出身，提拔西鄉隆盛和大久保利通等下級武士。

坂本龍馬 Sakamoto Ryoma

最受歡迎的幕末志士

生卒：1836 ～ 1867 年

其他名稱：才谷梅太郎 (為避人耳目而使用的假名)

配偶：楢崎龍

小軼事：坂本龍馬本來奉尊皇攘夷派的指令，去刺殺江戶幕府海軍負責人勝海舟，但勝海舟卻對龍馬講述自己在國外的見聞和治國主張，令龍馬深感佩服並當場拜他為師，及後龍馬寫信給姊姊乙女說：「現在我成了日本第一人物勝麟太郎的弟子。」

座右銘：志存高遠

一起了解坂本龍馬：鹽浸温泉龍馬公園 (P.142)，霧島神宮 (P.144 ～ 145)

坂本龍馬本來是土佐藩鄉士，後來兩度脫藩成為維新志士，他雖然並非出身九州，但其一生與九州有不可分割的淵源。他在長崎成立日本第一間有限公司「龜山社中」，並多次為革命事業到訪下關和小倉，他和妻子在鹿兒島展開日本第一場的蜜月旅行。走訪九州，就能尋訪這位最受歡迎的幕末志士走過的歷史之路。

坂本龍馬以一介脫藩浪士的身分，在風起雲湧的幕末時期躍上歷史大舞台。他靈活遊走於各藩國之間，並為本是死敵的薩摩藩和長州藩牽線，促成了 1866 年 1 月締結的「薩長同盟」，為推翻幕府政權奠定基礎，他的遠見和壯志連西鄉隆盛也高度評價。

在江戶時代的幕藩體制下，人民沒有「國家」的概念，龍馬是第一個提出「日本國」的人，並以此起草「船中八策」勾勒出對新國家的理念。1867 年，革命尚未成功，但坂本龍馬卻在京都遇刺身亡，享年 31 歲，刺客身分至今還是一個歷史謎團。

坂本龍馬遺留下大量親筆書信，闡述他對治理國家的宏志和熱血，加上他不拘泥於傳統、永遠走在時代前端的形象至今深受日本人敬重，長年蟬聯「最受日本人喜愛的歷史人物」排行榜的三甲之列，也是眾多小說和電視劇歷久不衰的創作靈感和題材之一，2010 年上映的 NHK 大和劇《龍馬傳》中，由福山雅治飾演的坂本龍馬更是深入民心。

更多介紹請見 P.141 ～ 143。

天璋院 Tensho-in
幕末大奧的守護者

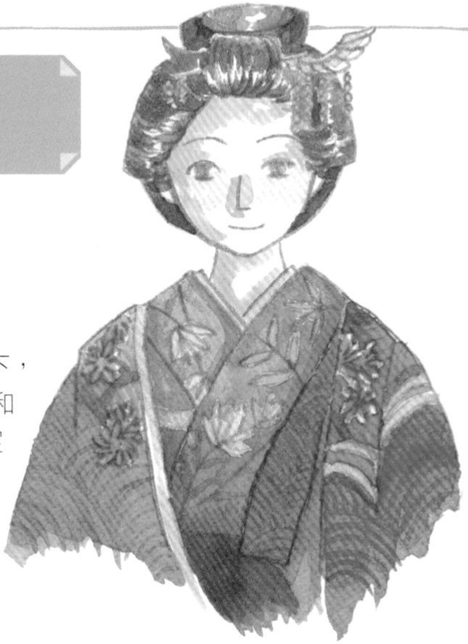

生卒：1834～1883 年

其他名稱：篤姬

配偶：德川家定

小軼事：孝明天皇的妹妹和宮，因政治婚姻下，嫁第 14 代將軍德川家茂，據説一開始，和宮和婆婆天璋院的關係並不好，兩人經常因為皇室出身與武家出身的生活習慣不同而出現摩擦，後來才慢慢冰釋前嫌。大奧解散後，兩人也經常見面，關係十分密切。

一起了解天璋院：仙巖園 (P.96)

由島津本家成為近衛家的養女，肩負薩摩藩政治上的目的被送進江戶城，成為江戶幕府第 13 代將軍德川家定的御台所。明治 16 年 (1883) 過世，享年 49 歲。2008 年，由宮崎葵主演的大河劇《篤姬》大受歡迎，及後於台灣電視台播送的反應也相當不俗，間接帶動鹿兒島的觀光旅遊收益。

小松帶刀 Komatsu Kiyokado
薩摩島津家最年輕的家老

生卒：1835～1870 年

其他名稱：小松清廉、尚五郎

配偶：小松近 (正室)，三木琴 (側室)

小軼事：在大河劇中，小松帶刀和篤姬經常被描繪成是青梅竹馬的關係，但事實上這個觀點並沒有史料記載，因此不能確定他們 2 人是否真的為青梅竹馬。

一起了解小松帶刀：維新故鄉館 (P.95)

27 歲就當上薩摩島津家的家老 (家臣之首)，成為藩政的重要人物之一，努力推動改革，並在背後支援西鄉隆盛、大久保利通和坂本龍馬等人。

美食格鬥

南九州的在地美食，今晚你想吃哪一道？

VS.

馬肉屬於高級日本料理，能夠品嘗馬肉的地方屈指可數，但在熊本縣卻能輕易找到馬肉料理專門店，食用馬肉刺身更是這裡獨有的文化，你有膽量挑戰一下嗎？

九州地區出產很多品質頂級的和牛，除了「佐賀牛」和「豐後牛」，入口即化的「宮崎牛」也備受矚目，曾獲多個獎項的宮崎牛，不論是鐵板燒還是香煎，甚至做成牛肉蓋飯或是壽喜燒都非常合適！(P.64)

VS.

九州是豚骨拉麵發源地，每一個縣的拉麵均有其在地特色。

添加了蒜油和焦蒜的濃稠豚骨湯頭就是熊本拉麵的魅力；至於鹿兒島拉麵，湯頭雖然也是以豚骨為主，但會添加雞骨與蔬菜一併熬煮，因此和熊本拉麵的濃郁香醇比較之下，鹿兒島拉麵擁有相對清爽的口感。(P.65、108)

VS.

有別於一般的豬肉，鹿兒島黑豚（也稱薩摩黑豚）肌間脂肪較多油花，肉質纖維嫩細易咬斷，口感軟滑甘美，除了黑豚本身的基因品種，還有賴於精心的養飼過程，黑豚的飼養期比一般豬要長，至少要養到 8 個月才可宰殺，而為了讓肉質透出甘美，祕密就是在飼料中混入一定分量的紅地瓜。

在鹿兒島市內，販賣黑豚的餐廳隨處可見，但並非所有餐館都是採用薩摩黑豚，只有在掛上「鹿兒島黑豚證明書」的店才會供應。不過，要選擇黑豚涮涮鍋還是黑豚炸豬排？還真是令人苦惱！ (P.107)

VS.

炭火烤地雞 VS. 南蠻雞簡直是宮崎的美食生死鬥！

南蠻雞酸甜清爽，每一家店的塔塔醬都有其獨特配方；炭火烤地雞屬於「大人風」的下酒菜，吃一口炭火烤地雞，再搭配一杯酒就是最道地的南國美食體驗。(P.171)

精選名產

南方土地培育的美味與百年工藝

薩摩切子

幕末時期，薩摩切子主要作為海外貿易商品和獻給達官貴人的貢禮，也是篤姬的嫁妝之一。多層次的暈染技巧和幾何紋樣是薩摩切子的特色，雖然這種價值不菲的工藝品對於一般遊客來說只能遠觀，但以薩摩切子做成的墜鍊、耳環等飾品價格相對親切，是非常受歡迎的伴手禮。(P.100～101)

熊本熊周邊產品

大概沒有人不認識這位熊本縣的公務員「營業部長兼幸福部長」吧？永遠帶著呆萌微笑的熊本熊不論是在日本國內還是海外地區都大受歡迎，除了在日本各地出席活動，更遠赴海外出席各項熊本縣的宣傳活動，以其造型推出的產品琳瑯滿目！(P.50～52)

地瓜小蛋糕

「唐芋」也就是地瓜，唐芋菓子專門店Festivalo的地瓜小蛋糕非常有名，利用自家栽培的鹿兒島產地瓜製作，外表小巧可愛，入口即溶的綿滑口感是其特色。如果說鹿兒島有什麼必買的伴手禮，這款地瓜小蛋糕肯定是其中之一。(P.119)

這是什麼鬼大福

和菓子日高自1988年開始販售「這是什麼鬼大福」，至今已經賣出超過1千萬個！大小為女性拳頭般大，揉合了日式和菓子及西式甜點的元素，餡料有紅豆、大顆的草莓、栗子及奶油起司。(P.178)

薩摩燒酎

鹿兒島縣以地瓜燒酎聞名於世，燒酎是一種富當地風土民情，並強調原料風味的蒸餾酒，但酒精濃度比起傳統的蒸餾酒低很多，加上喝法多變，可以加冷熱水、冰塊或蘇打水等，鹿兒島縣內的燒酎品牌多得數不清，使用不同品種的地瓜，製作出來的風味也大大不同。(P.110)

鹿兒島茶

不說你可能不知道，鹿兒島其實是僅次於靜岡縣、全日本茶產量第2名的茶鄉，其中以4月中旬就能品嘗到新茶的「知覽地區」和被霧氣縈繞的「霧島高原地區」所出產的茶最為有名。新一代的鹿兒島茶農把茶飲文化重新包裝，讓世人重新重視過去被忽略的鹿兒島茶！(P.112～113)

購物熱點

南九州最歡騰的一級戰區！

熊本上通・下通

上通・下通是熊本最熱鬧的購物區，上通以年輕族群為消費對象，這邊有許多吸引年輕人的小型服飾店、氣氛輕鬆的咖啡廳等；下通是熊本最長的購物街，以百貨公司、生活雜貨店、大型藥妝店、美食餐廳為主。長達1公里的寬廣街道上林立著各種吃喝玩樂的設施，超人氣的熊本熊部長辦公室 Kumamon Square 也在這區。(P.67)

長達1公里的上通・下通設有遮光拱形頂棚，就算下雨也能安心逛街

鹿兒島天文館

號稱南九州最繁華購物區的天文館，是鹿兒島縣內最大的商圈。沿用薩摩第8代藩主島津重豪於此設立的天文觀測所而命名，這區店鋪林立，雲集購物、消閒娛樂、餐廳等設施，流行服飾店、禮品店、鄉土料理店、咖啡店、雜貨店、高檔國際品牌也能在此找到。(P.121)

天文館是南九州最繁華購物區

宮崎橘通

沿著宮崎車站前綠樹林蔭的大馬路高千穗通往前走，大概15分鐘後就會抵達一個巨大的十字路口，這裡就是宮崎市中心最熱鬧的橘通，包含了附近一帶的若草通、一番街、中央通等周邊購物街，加上以山形屋為首的百貨公司，熱鬧非凡！盡情購物後，不妨鑽進小巷裡的居酒屋感受南國之夜。

位於橘通街頭的宮崎山形屋

溫泉九州

實至名歸的「溫泉天國」

根據 2017 年日本環境省的統計，全日本的溫泉源泉總數為 27,297 個，光是九州就占據了 3 分之 1 的數量，其中大分縣以 4,418 個源泉名列榜首，第 2 名的鹿兒島縣有 2,753 個，第 5 名的熊本縣數量為 1,346 個，九州的溫泉水湧出量也相當驚人，每分鐘高達 695,641 公升！

九州的溫泉不僅數量多，而且泉水優質，加上用心經營的旅館業者，讓人趨之若鶩的溫泉鄉不勝枚舉！

日本9大溫泉泉質

古代「湯治」VS.現代「湯治」

在古代的日本，溫泉是大自然恩賜，只有貴族和僧侶才能享用。當時的人去泡溫泉是為了療養，稱為「湯治」。平安時代的貴族九條兼實在其日記《玉葉》中提到：「湯治以7天為一療程，3個療程為最低標準。」時至今日，大概沒有人能像平安時代的貴族一樣享有21天的溫泉之旅，但如果可以短暫逃離每天忙碌的工作，來一趟「一泊二食」的溫泉小旅行，才符合現代人的湯治風格。溫泉的泉質和療效各有不同，在泡湯之前，不妨先來了解以下9種日本常見的溫泉泉質。

1 單純溫泉（単純温泉）

單純溫泉是日本分布最廣泛的泉質，泉溫達25度以上、pH8.5以上的鹼性單純溫泉，特點是無色無味、顏色呈透明，而且性質溫和，對肌膚刺激較少，特別適合小孩和老人使用。具有如肥皂般的洗淨能力，泡後肌膚觸感滑溜。

泉源分布 大分縣由布院溫泉、岐阜縣下呂溫泉等

2 碳酸泉（二酸化炭素泉）

泉水中含有游離的二氧化碳，因此泡湯時會有細小泡沫附在身上，泉溫較一般溫泉水低，泡起來不會有脈搏急速加快的心悸現象，較不會造成心臟負擔，可是溫泉中的氣體一旦被加熱，療效就會大打折扣。由於日本的地理環境，碳酸泉的數量非常稀少。

泉源分布 泉溫相對較高的是大分縣長湯溫泉；泉溫相對較低的是山形縣肘折溫泉鄉

3 碳酸氫納泉（炭酸水素塩泉）

又名「重曹泉」，具有鎮靜和緩發炎的效用，對過敏、蕁麻疹等慢性皮膚病有一定療效。泉質溫和，而且可使皮膚柔軟、除去皮膚表面的古老角質，也是知名的「美人湯」之一。

泉源分布 鹿兒島縣秒見溫泉、佐賀縣嬉野溫泉等

4 食鹽泉（塩化物泉）

簡稱為「鹽泉」。鹽分含量相當高，有殺菌及療傷效果。鹽分會在皮膚上形成薄膜，防止汗水蒸發，保溫效果良好，是一款深受手腳冰冷女性喜愛的溫泉。

泉源分布 鹿兒島縣指宿溫泉、熊本縣黑川溫泉等

5 硫酸鹽泉（硫酸塩泉）

硫酸鹽泉細分為3種：含鈉的芒硝泉（硫酸鈉泉）、含鈣的石膏泉（硫酸鈣泉），以及含鎂的正苦味泉（硫酸鎂泉），均對外傷有一定療效並且能夠促進血液循環，故有「療傷之湯」的稱號，很多歷史悠久的「古泉」也是屬於硫酸鹽泉。

泉源分布 群馬縣法師溫泉、石川縣山代溫泉及山中溫泉等

6 鐵泉（含鉄泉）

鐵泉的泉水剛湧出時是無色透明的，但接觸到空氣後會產生酸化現象，轉為紅或茶褐色，含鐵量少的時候會變成綠褐色或黃褐色，據説可以幫助改善月經不順，和更年期障礙等婦科問題。

泉源分布 兵庫縣有馬溫泉、宮城縣鳴子溫泉等

溫泉泉質一覽表

泉質／效用	一般適合症狀*	美肌	婦科問題	溫和刺激性低	慢性皮膚病	動脈硬化、高血壓
單純溫泉	V	V	V	V		V
碳酸泉	V			V		V
碳酸氫鈉泉	V	V		V	V	
食鹽泉	V		V		V	
硫酸鹽泉	V	V	V		V	V
鐵泉	V		V		V	
硫磺泉	V	V	V		V	V
酸性泉	V				V	
放射能泉	V				V	V

*消除疲勞和肌肉疼痛，改善慢性消化疾病和由壓力引起的睡眠障礙、神經痛等，對於跌打損傷、痔瘡等症狀也有一定療效。

觀光案內所

可以喝的溫泉

具有療效的飲用泉

溫泉含有豐富的礦物質，除了拿來泡，飲用溫泉也有一定的療效，歐洲人認為「溫泉是喝的蔬菜」，例如在捷克的溫泉小鎮「卡羅維瓦利」，大家會拿著一個附手柄與飲管的小巧陶瓷溫泉杯，邊走邊喝溫泉水。

飲泉在日本不算普遍，一般是針對腸胃病、高膽固醇或便祕等症狀，不過，除非提供飲用溫泉的地方有飲泉許可證，不然不建議隨便飲用溫泉水。

7 硫磺泉（硫黃泉）

硫磺泉是備受日本人喜愛的「濁泉」之一，並認為它擁有能治百病的神奇效用。呈乳白色的硫磺泉具有濃烈臭雞蛋的氣味，對促進血管擴張，治療高血壓或動脈硬化有一定效果，亦能止癢、解毒、改善慢性皮膚病。

泉源分布 北海道登別溫泉、長崎縣雲仙溫泉、鹿兒島縣霧島溫泉等

8 酸性泉

被稱作「皮膚病之湯」的酸性泉帶有酸味、殺菌力強，對於治療慢性皮膚病，例如疥癬、香港腳和濕疹等相當有效，但刺激性較強，不適合高齡者或是敏感膚質者，泡完之後需要用清水沖洗，而且不能浸泡太久。

泉源分布 北海道十勝岳溫泉、秋田縣玉川溫泉等

9 放射能泉

這是一種療效高而且為數稀少的珍貴溫泉，湧出地區以西日本的山陰為主。微量的放射能刺激細胞，提升免疫力，浸泡時所吸收的放射性物質，在數小時後就會透過呼吸或排泄自動排出體外，因此不必擔心。

泉源分布 鳥取縣三朝溫泉和關金溫泉、山梨縣增富溫泉等

入住溫泉旅館

挑選喜歡的旅館，放鬆身心靈吧！

日本茶道大師千利休的禪學格言「一期一會」，提醒我們要珍惜一輩子只有一次相會的緣分。當決定將溫泉排進行程，大部分旅客都只會在芸芸的溫泉旅館中嚴選一間，而同一地區的同一家溫泉旅館，除非愛到不行，否則就只會入住一次。抱著期待的心情千里迢迢抵達，好好地珍惜一期一會的美好泡湯時光吧！

溫泉並非日本獨有，但只有日本把溫泉這種自然資源轉化為獨有的文化符號，走進天然或人造的庭園造景中，微風輕拂，安靜地泡在熱湯之中，獲得身心靈的全然放鬆。

如果單純為了泡湯，光顧錢湯或者來一趟當天來回的「日歸溫泉」會比較划算，但唯有入住日式旅館(Ryokan)來一趟2天1夜的溫泉之旅，才能親身感受傳統日本文化，特別是在知名的溫泉地區，優質的泉源加上用心經營的旅館業者，一趟溫泉之旅不單體驗了泡湯、會席料理、傳統木造建築等日式元素，還濃縮了日本的價值觀和禮儀，下榻溫泉旅館成為行程中最期待的事情。

預訂溫泉旅館時，通常會選擇「一泊二食」，那麼「一泊二食」到底是什麼意思呢？一泊，是停泊一晚；二食，是提供兩餐（當日晚餐和翌日早餐）。溫泉旅館「一泊二食」的費用一般為每人¥12,000～¥20,000不等，稍微高級的旅館更有可能是¥30,000起跳，相比一般商務飯店貴很多。精打細算的遊客也可以選擇只提供早餐的「一泊朝食」或僅附晚餐的「一泊夕食」，甚至完全沒有提供飲食的「素泊」。

♨ 享有隱私的私人風呂

每一家溫泉旅館的大浴場都是該旅館精心打造的賣點，但要跟其他人一起裸身泡在溫泉中，一開始也許需要一點勇氣。建議不習慣泡溫泉的人選擇深夜或者清晨這些使用人數比較少的時段，但如果無論如何也不能豁出去的話，在預訂溫泉旅館的時候就必須留意旅館有沒有提供以下2個選項：

貸切風呂（かしきりぶろ）

「貸切」的日文意思就是「包場」，貸切風呂，也就是我們說的個人湯屋，如果情侶2人使用或是攜帶小孩的家庭，建議租用這種溫泉。有些旅館會免費提供，有些要額外收費，使用時限通常1～2小時。貸切風呂一般在門口掛有一塊小牌子，使用時翻到「入浴中」那面就可以。

付露天風呂的房間（露天風呂付客室がある宿）

即是客房已經附設私人露天浴池，缺點是可以泡的湯池不多，而且這種房間的價格一般會比較貴。

協會認證的天然溫泉

此外，溫泉旅館一般會展示日本溫泉協會認證的「天然溫泉表示看板」，上面會標明溫泉泉源的成分和療效，以下是2種主要的溫泉類型：

源泉放流溫泉（源泉掛け流し）

這種溫泉直接由溫泉源頭抽水到浴場，乾淨的泉水不斷湧出並持續流動，溢出浴池的泉水會流走，不摻自來水也不加溫，確保泉源新鮮純粹，這才是「真正的溫泉」！

浸泡源泉放流溫泉，泡完湯後無須再次沖洗，輕輕擦乾身體就可以，這樣才能保留溫泉的成分。不過，帶刺激性或高濃度的泉質，例如酸性泉或硫磺泉，還是建議再次沖洗。

循環風呂（じゅんかんゆ）

循環風呂使用的水本來也是天然溫泉，但這些溫泉水會經過過濾殺菌、加溫後再重複使用好幾天，為了殺菌而在水中加入氯氣，但是會讓溫泉中的天然成分被稀釋，還帶有刺鼻的氣味。使用循環風呂後，為了清除水中的化學物質，請務必再次把身體沖洗乾淨。

觀光案內所　日歸溫泉

當天來回的溫泉選擇

如果時間有限，亦可以選擇當天來回的「日歸溫泉」。包含房間的使用以及泡溫泉，有些甚至提供料理，而且價錢比起住宿一晚便宜很多；部分溫泉旅館更提供純泡湯方案，價格大約在¥300～500，想要一次體驗多家不同風格的溫泉旅館，不妨來一趟「湯巡」。

購買黑川溫泉的「入湯手形」就能一次體驗3家溫泉旅館的露天溫泉

榻榻米房間的奧祕

與歐美飯店的概念相反，日式旅館的客房並非越往上層越高級，可以直接欣賞庭園景觀的1樓才是最尊貴的位置。

傳統和室的設計非常簡約而且注重和諧，拉上一扇紙門就能完全地隔絕庭院與私人空間，鋪上被團就變成睡房，房間的定義完全取決於擺放的物件，這樣精簡的空間是為了讓進來房間的人可以專注在靈性上的平靜，不會被過多的裝飾打擾思緒。那麼，第一次入住傳統的溫泉旅館有什麼需要注意的呢？

請在玄關脫掉鞋子

進入日式溫泉旅館的大門之後，通常會被要求脫下鞋子，換上旅館的拖鞋，在日本，露出腳趾頭是很失禮的事情，進入和室或是其他需要脫鞋的地方之前，記得一定要穿襪子。抵達自己的房間後，再在客房的脫鞋處脫下拖鞋。

禁止踩踏脆弱的「疊之緣」

走在以燈芯草做成的榻榻米疊席上，彷如徜徉在草地上一樣，獲得全然的放鬆，但要注意避免踩踏在榻榻米邊緣的部分，這個稱為「疊之緣」的地方非常脆弱！

浴衣的正確穿著

「浴衣」源自古代貴族泡湯所穿的「湯帷子」，江戶時代之後才在民間普及，人們把這種由湯屋洗完澡後穿著回家的衣服稱為浴衣。泡溫泉穿的浴衣比起參加煙火大會穿的浴衣樸實素雅多了，而且背後不會紮一個大蝴蝶結，只會在腰間繫一條帶子。

穿著浴衣時，必須謹記「右下左上」的法則，即是披上浴衣之後先把右邊的衣襟往左拉下在腰間，再蓋上左邊的衣襟，若顛倒則為往生者壽衣穿法，必須多加注意！此外，在日本的溫泉鄉，穿著浴衣在旅館內活動，或在附近的街道散步是沒問題的。不過在離開房間前，記得先檢查一下浴衣的衣領有沒有過於鬆動。

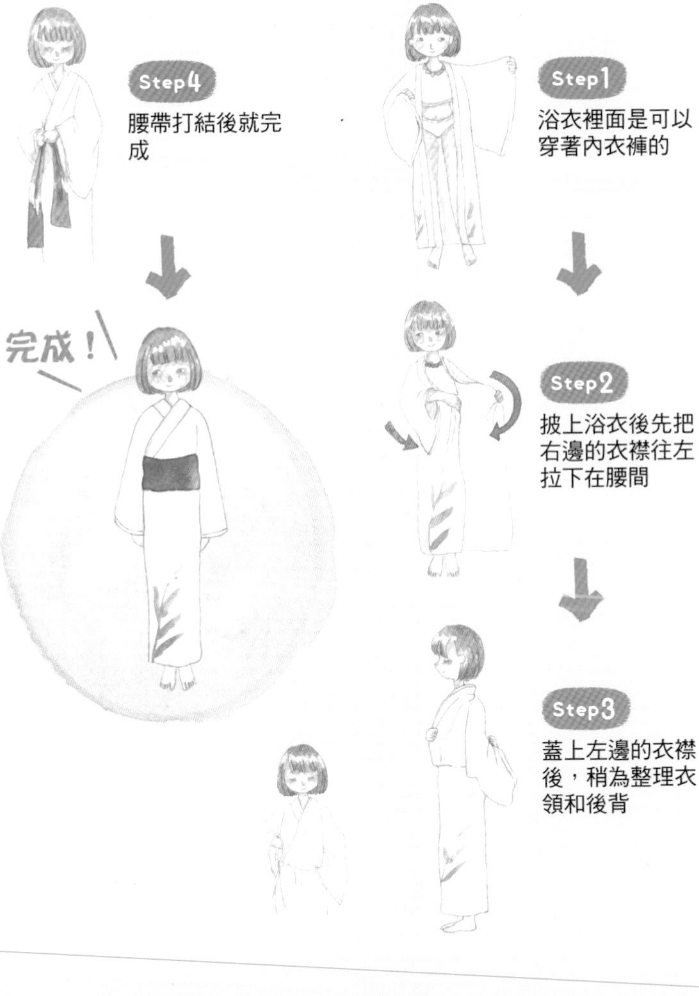
Step1
浴衣裡面是可以穿著內衣褲的
Step2
披上浴衣後先把右邊的衣襟往左拉下在腰間
Step3
蓋上左邊的衣襟後，稍為整理衣領和後背
Step4
腰帶打結後就完成
完成！

NG

勿將私人物品置於凹間

和室的凹間（又名「床之間」）是放置和展示具季節性的插花和畫軸的地方，通常比榻榻米稍高，注意不要把行李或其他物件放於這裡。

在泡湯之前

❶ 懷孕初期和後期的婦女不適合泡湯。
❷ 喝酒之後泡溫泉，血壓會急劇提高，非常危險，因此酒後不宜泡湯。
❸ 剛吃飽不要泡溫泉，至少休息 30 ～ 60 分鐘後再入浴。
❹ 身體欠佳時請避免泡溫泉。
❺ 泡湯前先卸妝，一來讓毛孔在泡湯過程中打開，二來也不會讓妝溶進溫泉裡，影響溫水品質。
❻ 老年人和患有高血壓、呼吸系統疾病的人避免泡 42℃以上的高溫溫泉。
❼ 身上有刺青的人避免進入大眾池，因為日本人對於刺青的聯想等同黑道，建議使用「貸切風呂」。
❽ 在日本泡湯必須全裸，不能穿泳衣。

在浴場裡面

❶ 進入浴場前需要在更衣室脫去所有衣服。
❷ 可以帶一條小毛巾入場，小毛巾可以放在頭上，或是走動時用以遮蓋重要部位。千萬不要把毛巾掉進浴池中。
❸ 找一個洗澡位置，坐下並清洗身體，過肩的長髮請束起。
❹ 先以腳或手試探水溫，再讓小腿浸泡，漸至下半身，最後才全身浸泡。
❺ 首次浸泡 3 ～ 5 分鐘即上水休息一會，再入池泡 5 ～ 10 分鐘，單次勿泡超過 15 分鐘。
❻ 水的高度最好不要高於心臟，若有不適馬上上水。
❼ 浸浴後記得補充適量水分。

會席料理的用餐方式

享用一頓富有「旬之味」的會席料理晚餐和精簡清新的早餐，是入住溫泉旅館其中一個主要目的，素食者或是有特定食物過敏者，需在預訂房間或至少提早一星期通知旅館，旅館會另外為你準備適合的食物。

登記入住時，旅館的工作人員會先跟你確認晚餐跟早餐的時間，比預約時間早大概 5 分鐘抵達用餐場地最為合適。順帶一提，在榻榻米房間用餐時，不需要一直勉強自己跪坐，維持一個讓雙腿舒服而又不失優雅的坐姿即可。

呈現「旬之味」的和菓子

跪坐的方式

①

②

③

傳統跪坐的姿勢對於一般遊客來說還真的有點「難熬」

筷子的使用禁忌

日本人對於使用筷子有特別多的禁忌，用膳時應避免發生以下事情。

①

不能用筷子為別人挾菜，此舉與日本葬禮儀式中收集火化後的骨頭動作相近，非常不吉利。

②

挾取湯汁較多的菜色時應先挾到小盤子，避免湯汁滴落，也不要用手在下方接。

③

不要同時使用同一隻手拿著飯碗跟筷子。

④

把筷子直接放在碗或是碟子上也是不禮貌的，正確方法是放回筷架。

⑤

把筷子橫放在碗盤上代表用餐完畢，但禮貌上不能在長輩用餐完畢前這樣做。

會席料理的用餐禮儀

① 芥末不應該拌在醬油裡，正確的食法是取少量放在魚生片上，然後橫過來用另一面蘸醬油。

② 擠上提味檸檬時，記得用一手擋住，避免噴濺。

③ 如果有串燒，應先把竹籤小心拔走，再以筷子夾起食物，不要直接手持串燒進食。

④ 餐具不要疊放在一起，特別是漆器，碰撞會容易損壞。

4天放鬆溫泉愜意遊

最近一直在努力工作卻忘記要好好休息？或是想逃離莫名的壓力和煩惱？不妨挑選幾家遠離煩囂的溫泉住宿犒賞自己吧！躲進森林祕境中，在熱湯裡感受大自然的恩惠，順便享受美食和沿途風光，好好療癒一下疲憊的身心靈。

Day 1 抵達鹿兒島機場→霧島

鹿兒島機場位於霧島市，提早預約旅館的接駁車直接由機場前往當晚下榻的溫泉旅館。放下行李，稍微整理一下，先到霧島藝術展覽公園，漫步在13公頃的戶外展覽廣場，吸收藝術氣息。

Day 2 霧島→人吉→熊本

於溫泉旅館享用完早餐，而後前往霧島神宮參拜，再乘搭火車前往人吉，在「錢湯之都」來一趟日歸溫泉，順便參觀國寶青井阿蘇神社和人吉城跡等歷史景點。晚上抵達熊本市區。

Day 3 熊本→宮地→黑川溫泉

早上體驗一下悠閒美好的咖啡時光，或是到「新町」一帶，放慢腳步在黑瓦屋頂的古老街道中散步。中午乘搭往阿蘇方向的高速巴士到宮地，來一趟洗滌心靈的「水基巡禮」，晚上下榻黑川溫泉的旅館。

Day 4 黑川溫泉→返國

在下榻的溫泉旅館享受美食和泡湯，或漫步在悠閒的溫泉街。黑川溫泉有直達機場的高速巴士，非常方便。

3		2	1

9	8	7	6	5	4

1.4 霧島藝術展覽公園(P.146～147)
2.5 人吉城跡(P.84)
3 位於「新町」的長崎次郎書店(P.68)
6 青井阿蘇神社(P.84)
7 黑川溫泉(P.73)
8 溫泉街小店「白玉っ子甘味茶屋」的白玉湯圓(P.77)
9 來一趟洗滌心靈的「水基巡禮」(P.61)

5天親子之旅自駕遊

九州擁有非常完善的道路設施，而且一般出租的車子已經裝上先進可靠的導航系統，就算不懂日文也很容易上手。親子旅行選擇自駕租車會比較便捷，既可以自己掌控時間，也能把大包小包的行李直接放在車上，以主要城市為據點，省去每天換飯店的麻煩。建議每天安排1~2個景點會比較輕鬆。

Day 1 抵達阿蘇熊本機場→阿蘇

抵達後直接在機場取車，由這裡前往阿蘇地區遊覽，行程重點是阿蘇火山一帶，結束行程後才到飯店登記入住，自駕遊的好處就是非常機動性，行李一直放在車上沒問題。

Day 2 阿蘇→高千穗→阿蘇

啟程前，先在阿蘇道之驛購買道地的物產當早餐，然後由阿蘇直接駕車到高千穗，需時大概1小時15分鐘，比起乘搭一般大眾交通工具方便多了，於高千穗享受一整天悠閒的親子時間，下午稍後啟程返回阿蘇。

Day 3 阿蘇→黑川溫泉

「早起的鳥兒有蟲吃。」想要體驗採摘水果的話，建議早上就去。由阿蘇駕車前往黑川溫泉，在山林間享受大自然的恩惠，選擇一家心儀的溫泉旅館吧！

Day 4 黑川溫泉→熊本

由黑川溫泉回到熊本市區，參觀熊本城之餘，不妨到旁邊的櫻花馬場城彩苑逛逛，或者帶小孩到坪井川綠地公園免費使用大型的戶外遊樂設施，晚上到上通‧下通等人氣鬧區吃晚餐。

Day 5 鹿兒島→霧島→返國

早上到鶴屋百貨店拜訪「部長」熊本熊，或是附近的商圈購物。乘搭飛機回國前，在機場歸還車子即可。

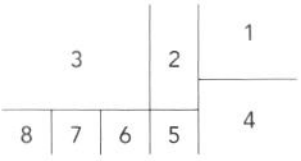

1.4 「火之國」阿蘇(P.59)
2 高千穗峽（圖片提供／公益財団法人 宮崎県観光協会）(P.161)
3 坪井川綠地公園的戶外遊樂設施(P.58)
5 櫻花馬場城彩苑(P.57)
6 Hana阿蘇美採摘草莓(P.62)
7 來造訪「部長」的辦公室Kumamon Square(P.52)
8 熊本最熱鬧的購物區(P.67)

6天鐵路迷朝聖之旅

九州被譽為「鐵道王國」，來一趟極上的「D&S列車」鐵道之旅大概是每個鐵道迷的夢想！購買一張「南部九州版鐵路3天周遊券」，就可以以超划算的價錢，「收集」多台行駛於熊本與南部九州地區的特色觀光列車。

為了讓接下來的行程更方便，建議抵達後先在JR的綠色窗口開通「南部九州版鐵路3天周遊券」，此外，觀光列車座位有限，請儘早劃位。

Day 1 抵達熊本→熊本市區

抵達後，把行李寄存在飯店後就能輕鬆展開行程，參觀完復建中的熊本城後，可徒步到山崎菅原神社，抽取一張別開生面的戀愛籤。

Day 2 熊本→人吉→吉松→鹿兒島

使用南部九州版鐵路3天周遊券

早上出發，由熊本乘搭火車前往人吉，你可以配合列車的行駛時間，選搭人氣高漲的復古蒸汽火車「SL人吉」或「翡翠 山翡翠」。抵達人吉後，參觀位於JR人吉站旁的人吉鐵道博物館MOZOCA Station 868，再乘搭「伊三郎」前往吉松，並在吉松站換乘「隼人之風」前往鹿兒島中央站。這樣在一天內就「收集」3台觀光列車。

3		2		1
8	7	6	5	4

1 復建中的熊本城(P.54～57)
2 SL人吉和九州七星號(P.47)
3 池田湖(P.134)
4 山崎菅原神社(P.53)
5 鹿兒島的鄉土料理(P.109)
6 飫肥城跡(P.166～167)
7 仙巖園(P.96～98)
8 海幸山幸(P.155)

Day 3 鹿兒島→宮崎→飫肥→青島→宮崎

使用南部九州版鐵路3天周遊券

這天行程比較緊湊，需要先早起乘搭特急霧島號，由鹿兒島前往宮崎，然後在宮崎乘搭觀光列車「海幸山幸」到飫肥，再折返青島一帶遊覽，最後在宮崎住宿。

Day 4 宮崎→鹿兒島→指宿

使用南部九州版鐵路3天周遊券

「南部九州版鐵路周遊券」使用的最後一天。早上由宮崎乘搭特急霧島號返回鹿兒島，再換搭特快列車「指宿之玉手箱」前往指宿，當天下榻溫泉飯店，盡情享受美食和泡湯。

Day 5 指宿→鹿兒島

早上可前往日本最南端的JR無人車站「JR西大山站」和池田湖等景點遊覽，下午回到鹿兒島市區，晚上在天文館一帶享受美食和購物。

Day 6 鹿兒島→返國

早上可前往仙巖園或城山展望台參觀，享用一頓特色鹿兒島鄉土料理後，乘搭機場巴士前往鹿兒島機場。

7天南九州暢遊之旅

什麼？歷史景點、自然名勝、溫泉泡湯、道地美食你全部要!?還想乘搭夢幻的觀光列車暢遊九州？透過各種優惠的交通乘車券，來規畫一趟熊本、鹿兒島和宮崎3縣的深度遊吧！

Day 1 抵達鹿兒島

抵達鹿兒島後，到櫻島、仙巖園、城山展望台等市內主要觀光景點參觀，晚上下榻鹿兒島市區的飯店，並享受道地的黑豚料理。

Day 2 鹿兒島→指宿、知覽→宮崎

由鹿兒島乘搭火車或者高速巴士到指宿，體驗指宿獨有的砂蒸溫泉，而後前往知覽遊覽，參觀武家屋敷。晚上抵達宮崎。

Day 3 宮崎→飫肥→日南海岸→宮崎

在宮崎乘搭火車或高速巴士到飫肥，再折返日南海岸一帶，遊覽青島神社、鵜戶神宮、Sun Messe 日南等景點，晚上回到宮崎，前往橘通感受熱鬧的氣氛。

1 Sun Messe日南(P.170)
2 鹿兒島的標誌「櫻島」(P.104～106)
3 青島神社前的幸運黃色郵筒(P.162～163)
4 鵜戶神宮(P.164～165)
5 在仙巖園茶寮品嘗和風甜點(P.96～98)
6 復修中的熊本城(P.54～57)
7 很受歡迎的觀光列車「SL人吉」(P.47)

Day 4 宮崎→高千穗→阿蘇

早上由宮崎站出發，到縣內人氣最高的自然奇觀之一「高千穗峽」，車程大約2小時30分鐘，抵達後泛舟峽灣，欣賞讓人心曠神怡的美景。下午離開，搭乘高速巴士抵達阿蘇。

Day 5 阿蘇→黑川溫泉

來到阿蘇，不能不遊覽知名的阿蘇火山，遊覽完畢後直接乘搭九州橫斷巴士繼續前往黑川溫泉，購買「入湯手形」，一次享受3種不同風格的露天溫泉。

Day 6 黑川溫泉→熊本

於黑川溫泉乘搭九州橫斷巴士到熊本市區，車程大約2小時，繼而參觀熊本城為首的主要景點，晚上享用美味的熊本拉麵或馬肉料理。

Day 7 熊本→其他九州地區

熊本位於九州的中央，不論是北上還是南下都很方便，你可以繞一圈，由熊本南下回到鹿兒島機場，然後離開返國；或是選擇乘搭觀光列車或利用九州新幹線，延伸行程至福岡、長崎等北九州地區。

熊本是九州第3大城市，地處九州中心，新幹線開通後，不論是北上福岡，還是南下鹿兒島，都相當便捷，擁有絕佳的地理優勢讓熊本成為眾所矚目的城市。

在以前，說到熊本，大概會想起火山活動頻繁的的阿蘇火山，阿蘇地區煙霧彌漫的自然景觀讓熊本冠上「火之國」的稱號；今時今日，全身黑色、臉上總是帶著傻萌微笑的熊本熊躋身「熊本三大名物」之列，與熊本城和阿蘇火山並駕齊驅，大家現在來到熊本市，還可以親自造訪這位「熊本縣營業部部長兼幸福部長」的辦公室，甚至近距離欣賞他靈活的舞姿。

熊本縣內有多個知名溫泉鄉，例如隱身山林間的黑川溫泉和保留歷史氣息

的人吉溫泉等，讓忙碌的都市人重返大自然，並在其中獲得身心靈的療癒；此外，多輛以熊本為據點行駛的JR特色觀光列車更是為人津津樂道。

得天獨厚地擁有純淨的地下水資源，讓熊本孕育出各種美味健康的食材，除了來一碗湯頭濃郁的熊本拉麵外，也不妨嘗試一下馬肉刺身、辛子蓮根和太平燕等道地料理，使用優質稻米及球磨川泉水所釀造的「球磨燒酒」也備受推崇。

區域地圖

搭乘飛機

阿蘇熊本機場的直航國際線主要有往來高雄、香港、首爾和大邱。由高雄出發，可選乘每週二、五及日出發的班機，飛行時間約為 2 小時；由台北出發，則要先飛抵福岡或鹿兒島，再換乘火車前往熊本；由香港出發，可選擇搭乘每週二、四、六出發的班機，飛行時間約 3 小時 15 分鐘。

機場提供免費的「機場 Liner」接駁車，往來 JR 肥後大津站與機場航廈，車程大概 15 分鐘；至於要前往熊本市區，可在 1 號巴士站乘搭機場利木津巴士，抵達熊本站的車程大約 60 分鐘，票價 ¥800。

交通查詢

九州產交巴士：www.kyusanko.co.jp/sankobus
機場 Liner：kukouliner.com

搭乘火車

熊本位於九州的中央，加上九州新幹線全線開通後，不管是北上福岡還是南下鹿兒島都非常方便。不過，豐肥本線肥後大津站至阿蘇站之間的鐵道，在 2016 年的熊本地震中損害嚴重，目前仍然未恢復運行，預計在 2020 年度才恢復全線服務。

出發地	鐵路／所需時間	指定席價格(¥)
新大阪	新幹線：約3小時15分鐘	18,540
廣島	新幹線：約1小時30分鐘	13,540
大分	特快列車：小倉→換乘新幹線(共約2小時30分)	11,440
博多	新幹線：約50分鐘	5,130
鹿兒島中央	新幹線：約45分鐘	6,940
宮崎	特快列車：鹿兒島中央→換乘新幹線(共約2小時50分)	10,960

*因日本消費稅更改的關係，2019年10月1日以後JR價格會調漲。詳情請參考JR官方網站www.jrkyushu.co.jp/chinese。

市內交通

熊本市營電車（市電）

熊本的路面電車有 2 條路線，包括紅色的 A 線和藍色的 B 線，以顏色做區分，讓遊客也能第一時間掌握路線的資訊。市內的主要觀光地點都在電車軌道沿途，例如在「通町筋」下車就是最熱鬧的購物區，而且抬頭就能看到熊本城；想要感受古老的日式街區，可到「新町」，這邊是以前的城下町，到處都可以看到黑瓦屋頂的建築物，非常適合散步閒逛。

熊本市電車資統一價格，單趟票價為大人 ¥170 ／兒童 ¥90。如果 1 日內搭乘超過 3 趟電車，不妨購買「市電 1 日乘車券」（大人 ¥500 ／兒童 ¥250），這是一張一天內可以無限次乘坐熊本市營電車的乘車券，可在熊本站綜合觀光案內所的窗口和市電車內購買。

1

2

3

熊本電氣鐵路（熊本電気鉄道）

熊本電氣鐵路以「上熊本站」為起點的私營鐵路，途經的地區雖然不是主要景點，但萌度爆表的 3 列熊本熊彩繪列車卻吸引了一票熊本熊粉絲，車廂內貼有形態各異的熊本熊，讓人看了就忍不住大呼可愛！

5

6

4

①熊本市電1日乘車券／②③熊本、鹿兒島及長崎是九州擁有路面電車系統的城市／④使用市電B路線到「上熊本站」就能換乘熊本電氣鐵路／⑤⑥可愛的熊本熊彩繪列車

區間	熊本←→三角
可使用的鐵路周遊	○全九州版鐵路周遊券 ○北部九州版鐵路周遊券 ○南部九州版鐵路周遊券
總車程	約40分鐘
普通單程票價	¥1,880
座位	○指定席　×自由席
運行日期	×每天運行 ○主要在週末和假日運行，實際運行日期請參考JR九州網站

*因日本消費稅更改的關係，2019年10月1日以後JR價格會調漲。詳情請參考JR官方網站www.jrkyushu.co.jp/chinese。

①成熟大人風格的特快列車「坐Ａ列車去吧」／②鵝黃色的JR三角站彷如一座教堂／③A-Train Bar配有長凳和沙發，乘客可以悠閒地坐著享用飲品／④車廂內部的華麗彩繪玻璃

特快列車「坐A列車去吧」
Take the 'A' Train！坐上輕快的爵士樂列車

月台上響起經典爵士樂名曲「Take the 'A' Train」，列車伴隨著美妙的樂韻徐徐駛進。

以 16 世紀流傳到熊本天草的西洋文化為主題設計，A 列車的車廂使用了色調穩重的木材和華麗的彩繪玻璃，在 1 號車廂的公共休憩區更設有名為「A-Train Bar」的酒吧，濃濃的西洋古典風情，彷如置身電影場景一般。

任由音樂在車廂內靜靜地流淌，來一杯 A 列車獨有的高球雞尾酒，感受一趟美妙的鐵道之旅！

SL人吉

一席難求！人氣爆棚的蒸汽火車

JR 九州的觀光列車中一直人氣高漲的，就是這台復古蒸汽火車「SL 人吉」，所謂「SL」即是英文 Steam Locomotive（蒸汽火車）的縮寫。SL 人吉的蒸汽火車頭，於 1922 年出廠，服役了近半個世紀後，於 1975 年正式退役。轉折來到 2009 年，那一年適逢是「肥薩線」鐵路 100 周年紀念，這輛珍貴的 SL 由水戶岡銳治親自操刀更新設計，改裝後的 SL 人吉重返崗位，繼續為乘客創造美好的鐵道之旅回憶。

節奏強勁的轟鳴聲伴隨噴湧而出的白色蒸汽，坐上這台威風凜凜的 SL 人吉，感受跨越時代的鐵道體驗。

區間	熊本←→人吉
可使用的鐵路周遊	○全九州版鐵路周遊券 ×北部九州版鐵路周遊券 ○南部九州版鐵路周遊券
總車程	約2小時30分鐘
普通單程票價	¥2,640
座位	○指定席　×自由席
運行日期	×每天運行 ○主要在週末和假日運行，實際運行日期請參考JR九州網站

*因日本消費稅更改的關係，2019年10月1日以後JR價格會調漲。詳情請參考JR官方網站www.jrkyushu.co.jp/chinese。

1

2

3

①SL人吉駛過球磨川第一橋梁／②建於1911年的人吉機車庫，為日本全國唯一現役的石造機車庫／③SL人吉的內觀（本頁圖片提供／JR Kyushu）

區間	阿蘇←→別府
可使用的鐵路周遊	○全九州版鐵路周遊券 ○北部九州版鐵路周遊券 ○南部九州版鐵路周遊券
總車程	約2小時30分鐘
普通單程票價	¥3,580
座位	○指定席　×自由席
運行日期	×每天運行 ○主要在週末和假日運行，實際運行日期請參考JR九州網站

*因日本消費稅更改的關係，2019年10月1日以後JR價格會調漲。詳情請參考JR官方網站www.jrkyushu.co.jp/chinese。

①天然木球遊樂池②可愛的黑色小狗KURO醬是列車的吉祥物／③車廂內有販售限定商品 (本頁圖片提供／JR Kyushu)

特快列車「阿蘇男孩！」

和可愛的KURO醬一起坐火車吧

「阿蘇男孩！」可以說是水戶岡銳治童心未泯之作！列車有一隻名為 KURO 醬的吉祥物，白色主調的車廂設計活潑可愛，也貼心地備有家庭車廂、親子坐席等，多處寬敞舒適的公共休憩空間給小孩遊樂嬉戲，特別是放置了天然木球的遊樂池，也有收集大量繪本的圖書室。

注意 受熊本地震的影響，肥後大津站至阿蘇站之間的線路受阻。本來往來熊本與別府之間的「阿蘇男孩！」將在一段時間之內，臨時運行於阿蘇站與別府站之間。最新資訊請參考 JR 九州網站。

區間	熊本⟷人吉
可使用的鐵路周遊	○全九州版鐵路周遊券 ×北部九州版鐵路周遊券 ○南部九州版鐵路周遊券
總車程	約1小時30分鐘
普通單程票價	¥3,270
座位	○指定席　○自由席
運行日期	○每天運行

*因日本消費稅更改的關係，2019年10月1日以後JR價格會調漲。詳情請參考JR官方網站www.jrkyushu.co.jp/chinese。

①②處處流露優雅質感的「翡翠 山翡翠」／③乘搭「翡翠 山翡翠」享受人吉球磨之旅

特快列車「翡翠 山翡翠」

宛若飛鳥般翱翔在山巒與河岸

2017年3月推出的「翡翠 山翡翠」是JR九州最新的觀光列車之一，以兩種棲息熊本縣的野鳥「翡翠」與「山翡翠」命名。列車只有兩節車廂，寶藍色的1號車是翡翠，墨綠色的2號車是山翡翠。

「翡翠 山翡翠」的內部裝修沉穩高雅，木質車廂加上透明感十足的大片玻璃，搭配舒適的長椅沙發座位，從觀景車窗就能眺望人吉盆地的山景及球磨川的河景。

熊本地區的鐵道便當

熊本熊便當

可愛的熊本熊便當一直是熊本地區高人氣的鐵道便當之一！使用了熊本縣產的米，還有燒肉、蛋絲、紅薑和醃漬菜等配料。很多人會在吃完後帶回家當紀念，但要注意這個便當盒不能微波加熱喔！

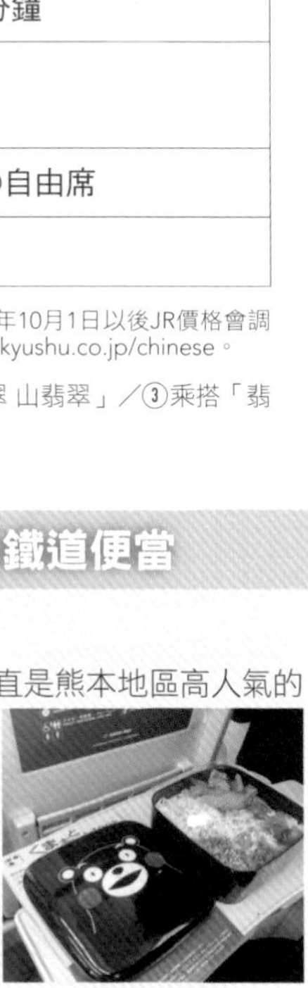

熊本熊便當(¥1,200)

栗子飯

經典的栗子飯是人吉站的名物，栗子造型的便當盒裡有栗子、蝦子、蓮藕、肉丸、蒟蒻、雞蛋捲等，以醬油煮得入味的米飯搭配甘甜大顆的栗子，自1965年問世以來就大受歡迎。

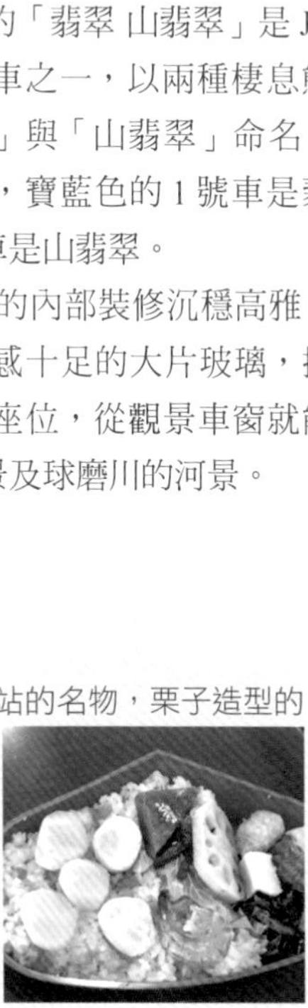

栗子飯(¥1,100)

特輯

熊本熊出沒注意！

萌度爆表的冠軍吉祥物

Yuru-Kyara Grand Prix 是日本吉祥物界的年度盛事，自2010年開始，每年投票選出該年度最受歡迎的吉祥物。同年，熊本熊誕生，隔年馬上奪下冠軍吉祥物的頭銜，其後推出不到3年，熊本熊的認知度已經是全日本第1名，甚至超越了Hello Kitty。

起用明星擔任代言人有很多不穩定因素，反之，操作吉祥物就安全多了，吉祥物不單可愛，還不會變老和有緋聞，而且在設計上帶有地域特色，對於振興地域經濟以及地區辨識度方面非常有裨益。如今，熊本熊已經跟熊本城、阿蘇火山成為「熊本三大名物」了。

最成功的吉祥物行銷

熊本縣政府擔心九州新幹線全線通車後，旅客會被其他縣市搶走，於是邀請當地出身的編劇小山薰堂及設計師水野學，共同規畫設計了一系列熊本地域的宣傳方案，當中包括了熊本熊。

熊本熊的造型設計鮮明，利用熊本城的主要色彩黑色加上兩個圓圓的腮紅為配色，永遠帶著呆萌的微笑表情十分可

熊本熊小資料

名字：熊本熊（日語：くまモン，英語：Kumamon）

出生地：熊本縣

生日：3月12日（與九州新幹線全線通車日期一樣）

年齡：祕密（永遠5歲的男孩）

性別：男孩

個性：好奇心旺盛又頑皮

興趣：熊本熊體操、發掘驚喜並與大家分享

職業：熊本縣公務員「營業部長兼幸福部長」

來認識我吧～

愛，雖然外型是熊，但官方對其的設定並不是熊，而是男孩，他還有另一個身分是熊本縣的公務員，職銜為營業部長兼幸福部長。

熊本熊除了在日本各地出席活動，更遠赴海外出席各項宣傳熊本縣的活動，由於太受歡迎，以其造型推出的產品琳瑯滿目，粉絲們紛紛忍不住自掏腰包，不單達到宣傳效果，其延伸出來的「萌」經濟也相當可觀！

擁有反差萌的黑色小熊

熊本熊(Kumamon)這個單詞中的「mon」就是「人」的意思，在日本，有很多歷久不衰的虛擬人物的名字都有「mon」，例如寶可夢(Pokemon)、哆啦a夢(Doraemon)等，不過相比其他同樣外表可愛的吉祥物，熊本熊能夠脫穎而出，不能不提他那非常人性化還帶點「小壞」的性格特徵。

叛逆的性格放在熊本熊身上一點也不負面，相反，熊本熊以其圓滾滾的身形做出各種有違常規化的事情，反而會凸顯「反差萌」，也讓他的形象更立體化和貼近人性。不論是擺動身體做出高難度的舞姿，在大型的機車賽開幕禮上帥氣飛車而完全沒出包，甚至公然欺負其他吉祥物等等，觀眾期待的是他帶來的喜感和歡樂。

①②歡迎參觀營業部長的辦公室／③熊本熊廣場內的販賣區

熊本地震災後重建的旗手

2016年4月14日至16日，熊本地區發生嚴重地震，造成大量人命傷亡，多個著名古蹟嚴重倒塌，重挫熊本縣的觀光業。

熊本熊在災後停止所有公開活動，因為熊本縣政府不確定在災後讓熊本熊繼續活動是否合適，擔心熊本熊一直建立出來的歡樂形象會造成社會矛盾，但卻一直收到縣民要求看到熊本熊。終於，災後大約三週後熊本熊就迅速「復工」，首要任務是前往災區與小朋友和老人見面，為他們加油打氣。

熊本熊成為災後重建的旗手，他的角色也由本來的推廣大使變成災後的精神支柱，給予流離失所的災民鼓勵和安撫人心；此外，支援災區的熊本熊商品也陸續增加，無論在日本還是海外地區，有很多人透過購買商品來支持熊本復興。

熊本熊之父小山薰堂發起的支援熊本計畫「FOR KUMAMOTO PROJECT」

熊本熊廣場(くまモンスクエア)—造訪「部長」的辦公室

想要近距離接觸這位熊本的大明星嗎？那就不能錯過熊本熊廣場 (Kumamon Square)，作為熊本熊的據點，廣場主要分為4個區域：交流空間、商品販賣區、輕食區以及熊本熊營業部長辦公室。

在部長辦公室中掛滿了熊本熊與其他地區吉祥物及名人的合照，還有密密麻麻的日程表，可見他有多積極在跑業務！由於熊本熊的工作非常忙碌，想要見到他本尊在此坐鎮的話，必須先到官網確認一下時間。

- 熊本縣熊本市中央區手取本町8-2(鶴屋百貨店東館1樓)
- 0963-27-9066
- 10:00～19:00(熊本熊的當值時間請先到官網確認)，12/31～1/3休息
- 自由參觀
- 熊本市電「水道町」下車，步行約2分鐘
- 1小時
- www.kumamon-sq.jp

①熊本熊的精采舞技／②營業部長熊本熊的辦公室

山崎菅原神社

神明所給的超直白戀愛忠告

眾所周知，菅原神社供奉的是「日本學問之神」菅原道真。

這間山崎菅原神社創建於延久2年（1070年），至今已經有將近950年歷史，本來參拜者以祈求考試合格的莘莘學子為主，但近年竟然因為一款別具一格的戀愛籤掀起熱潮，吸引很多慕名而來的人。

一般神社的籤文冗長，含糊曖昧的運勢預測有時讓人摸不著頭緒，但這間神社的戀愛籤簡明扼要，沒有吉凶，沒有詩句，只有一句鏗鏘有力的忠告，例如「這樣的愛真的好嗎？」、「跟那個女人分開吧！」、「總有無論如何也辦不到的事情。」等等。白底黑體字的簡約設計，加上詼諧又直白的忠告讓人莞爾，難怪會大受歡迎！

- 熊本縣熊本市中央區櫻町1-18
- 0963-25-3474
- 09:00～17:00
- 自由參觀
- 熊本市電「花畑町」下車步行約3分鐘
- 0.5小時
- yamasaki-tenjin.com

①山崎菅原神社占地面積不大／②繪馬圖案是漫畫版的菅原道真／③想要獲得神明的指點迷津嗎？來抽一張戀愛籤(¥200)

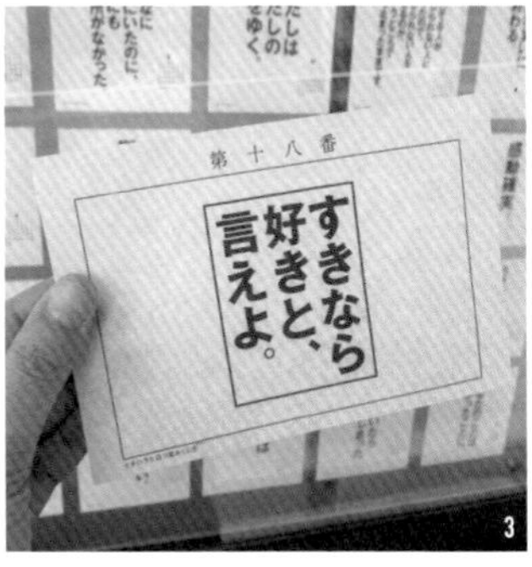

熊本城

熊本城修復參觀路線

熊本城與名古屋城、大阪城合稱「日本三大名城」，這3座城堡都是由豐臣秀吉旗下大將加藤清正參與建造的，其中熊本城更是加藤清正的居城，也堪稱是他的代表作。

熊本城於1607年竣工，總面積約98萬平方公尺，城內共有天3座守閣、49座城樓、18個門樓、29座城門，加藤清正獨特的築城技術造就熊本城成為牢不可破、易守難攻的名城。

在日本最後的內戰「西南戰爭」中，熊本城是其中一個主戰場，西鄉隆盛率領1萬4千名薩摩軍攻城50餘日也無法攻下，他慨嘆道：「我不是敗給政府軍，是輸給清正公。」這次的戰役，足以印證熊本城的實力。

飽歷戰火卻還幸保城廓，熊本城是所有日本城堡中的極少數。不過，讓人惋惜的是，在2016年4月的熊本地震中，熊本城內13棟重要文化遺產及20棟建造物嚴重毀損，預計修復需時20年。

地震後復興

經歷大地震後，包括天守閣、東十八間櫓、飯田丸五階櫓等都遭遇嚴重破壞，熊本城目前很多區域禁止入內，但遊客

1

①被稱為「第三天守」的宇土櫓／②於二之丸廣場可近距離看到宇土櫓的全貌／③只要捐1萬日圓以上的善款就能當「復興城主」／④一個一個寫上編號的石塊／⑤難以攀爬的「武者返し」扇形斜面石牆

還是可以沿著指定的參觀路線，從二之丸廣場和加藤神社及其周邊區域遙望正在復修的天守閣。

熊本城是日本重要文化遺產，每個修復過程都不能馬虎，為了保持歷史原貌，每塊被震落下來的石塊都畫上編號，再「一磚一瓦」把石塊歸回原位，估計總修復費用逾600億日圓。

「武者返し」石牆

加藤清正設計的扇形斜面石牆稱為「武者返し」，有「令武士知難而退」的意思，下方較平緩，越往上越陡斜，這樣的設計不單讓敵人不易爬上石牆，也兼具穩定性。

大小天守、宇土櫓

天守閣是每座城堡最標誌的建築，但城主不會住在裡面（歷史上曾住在天守裡的只有織田信長），一般都是作為擺放雜物的庫房使用，但一旦發生戰爭，天守閣就是城主最後的據點，如被攻破，形同戰敗。

熊本城有一大一小的天守閣，和被稱為「第三天守」的宇土櫓。以黑色為主調的城堡相當霸氣，據說此類黑色城堡為豐臣秀吉所好，因此秀吉的大名也通常投其所好，居城外牆以黑色為主。

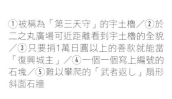

未申櫓

「未申」是西南方的意思，未申櫓在明治時代被拆掉，直到2003年才以木造復原。未申櫓在大地震中也遭受破壞，但現已被修復，修復工程約耗資3億日元。

「銀杏城」之由來

熊本城是著名的賞櫻名所，城內種植了約600株不同品種的櫻花，可是，在城堡種植櫻花是明治中期才開始的習慣。在以前，城堡是軍事用地，一切都是為了迎戰而設，舉例來說，一旦發生戰爭，看上去平靜的庭園就會「變身」軍事要塞，水池當壕溝，也能確保水源，假山可以當土壘，城內的植物不單可以當食物，枝幹更是現成的武器。

熊本城又名「銀杏城」，因為加藤清正在城內廣植銀杏樹，其目的是以備在圍城戰時能有糧食供應，據說連城內鋪床的材質，都是利用里芋的莖曬乾做成的，以便發生緊急情況時充當乾糧，此外，城內也挖掘了125口水井。

熊本縣熊本市中央區本丸1-1
0963-52-5900(熊本城綜合事務所)
受地震影響，目前熊本城大部分區域禁止入內，但外圍設有可徒步參觀的路線，08:00～24:00開放
自由參觀
熊本市電「熊本城 市役所前」下車後步行約10分鐘
kumamoto-guide.jp/kumamoto-castle

①身穿甲冑、頭戴長烏帽子的加藤清正銅像，鎮坐在熊本城前方／②被復原的未申櫓

2

1

加藤神社

位於熊本城內的加藤神社主要祭祀加藤清正，神社在大地震中並未受到破壞，也是目前拍攝熊本城天守的最佳位置。這座神社原名為錦山神社，一開始建於熊本城主塔與宇土櫓之間，後來在1962年才移至目前地點，神社境內有一棵由加藤清正親手種植的銀杏樹。

每年7月的第4個週日，加藤神社會舉辦「清正公祭」，祭典舉行期間，孩童們會打扮成加藤清正的樣子，是熊本最熱鬧的夏季祭典之一。

位於加藤神社內、由加藤清正種植的銀杏樹

櫻花馬場城彩苑(桜の馬場城彩苑) 熊本城腳下的購物、美食好去處

遊覽完熊本城後，不妨步行前來櫻花馬場城彩苑。這是紀念400年前的城下町而建的觀光景點，裡面有許多各具特色的小吃店、餐廳與土產禮品店的「櫻花小路」，專門介紹熊本縣300多年歷史與文化的歷史文化體驗設施「湧々座」，以及綜合觀光案內所。

- 熊本縣熊本市中央區二之丸1-1-2
- 0962-88-5577
- 湧々座：09:00～17:30(最後進場時間17:00)，12/29～12/31公休；櫻花小路：物產館09:00～19:00(3～11月)，09:00～19:00(12～2月)，餐廳11:00～22:00，不定休，各商店營業時間不同；綜合觀光案內所09:00～17:30，12/30、31公休
- 櫻花小路免費，湧々座成人¥300，兒童¥100
- 熊本市電「熊本城市役所前」下車徒步約10分鐘
- 1小時
- www.sakuranobaba-johsaien.jp

①重現江戶時代城下町風情的街道／②甜點店TENTE的草莓冰淇淋(¥500)大受歡迎

坪井川綠地公園

溜小孩的好地方！超大型免費露天遊樂場

坪井川綠地公園擁有一大片遼闊的草地，許多當地民眾喜歡來這裡散步、遛狗，園內設有棒球場、網球場及足球場等體育設施，更有一個大型的兒童遊樂場，深受小朋友歡迎！這個擁有4層樓超大型複合遊樂場，結合了旋轉溜滑梯、三段式溜滑梯、吊橋、滾輪溜滑梯、攀爬網等多種遊樂設施，完全不用花錢就可以在這裡玩得不亦樂乎！

此外，如果乘搭大眾交通工具前往坪井川綠地公園，需要在「上熊本」站換乘熊本電氣鐵道，不要錯過他們超萌的熊本熊彩繪列車。

- 熊本縣熊本市北區清水町外
- 0962-45-5050
- 4～9月08:30～18:00，10～3月08:30～17:00，每個月第2、4個週一，以及12/29～1/3休息
- 自由參觀
- 乘搭熊本市電到「上熊本」再換乘熊本電氣鐵道到「坪井川公園」下車，步行3分鐘
- 1.5小時
- www.higonavi.net(遊びに行こう>アウトドア 公園>公園)

①熊本電氣鐵道的熊本熊彩繪列車／②③結合多種遊樂設施的超大型複合遊樂場／④遊樂場建在大片平坦的綠色草地上

阿蘇

「火之國」的活火山

因為阿蘇，熊本縣才被稱作「火之國」。位於熊本縣東北部的阿蘇地區，是世界上最大規模的破火山口，連綿的高原、壯麗的山岳景色、大片的草原……這一切令阿蘇成為熊本知名的觀光勝地。

在這個東西寬約17公里、南北寬約25公里的破火山口中，居住了將近5萬人，而且交通方便，一般旅客也能輕易抵達，難怪每年前來這裡的旅客有近1千8百萬人！

豆知識　什麼是「破火山口」？

有別於一般火山口的特殊地形

破火山口的英文「Caldera」源自於西班牙語，意指「鍋子」，它是指火山爆發後形成的圓形凹陷地形，一般火山口的直徑通常不超過1公里，但破火山口的直徑卻大得多，由數百公尺至數公里不等。破火山口的由來大致可分為爆發型破火山口、侵蝕型破火山口和陷沒型破火山口3種，阿蘇屬陷沒型，也是世界最大規模的破火山口。

- 熊本縣阿蘇市黑川808-20
- 0967-34-0554
- 阿蘇山公園道路的通行時間：08:30～18:00(3/20～10/31)，08:30～17:00(11/1～11/30)，09:00～16:30(12/01～3/19)
- 自由參觀
- 在JR阿蘇站乘搭產交巴士於阿蘇山西站下車，車程約40分鐘，再換乘阿蘇山LoopShuttel區間接駁巴士至火山西站下車，車程約10分鐘；自駕遊客請留意阿蘇山公園道路的通行時間
- 1.5小時
- www.aso.ne.jp/~volcano

阿蘇中岳火山一直冒著白煙的景象讓人印象難忘(圖片提供／Gigi Lau)

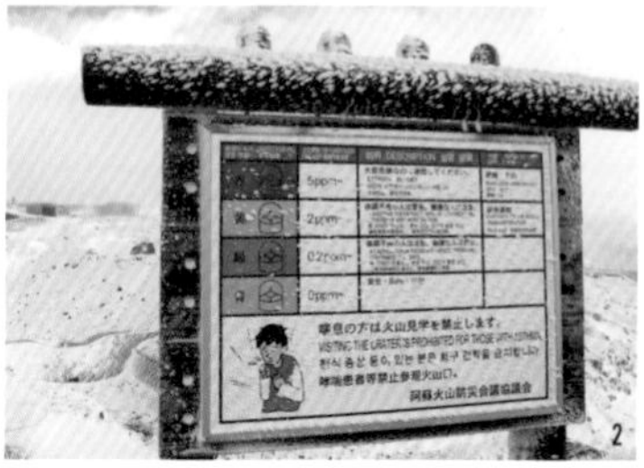

①緊急避難用的「退避壕」／②請多留意火山口的噴火警告／③當火山活動較為劇烈時，火山口周圍的區域會禁止入內

阿蘇中岳火山

感受地球呼吸的活火山

阿蘇山並非單指一座山，而是整個阿蘇火山臼地形中心區域的火山群總稱。其中高岳（1,592公尺）、中岳（1,506公尺）、根子岳（1,433公尺）、烏帽子岳（1,337公尺）和杵島岳（1,321公尺）這5座最高的山被稱為「阿蘇五岳」，至今還有頻繁火山活動的是中岳。

本來在2016年熊本地震之前有纜車可直達中岳火山口旁，但該纜車道在地震中損壞，目前只能開車或乘搭巴士抵達火山口旁。阿蘇山纜車現正進行重建工程，預計2020年恢復運行。

火山口周圍流動著火山氣體（二氧化硫SO_2），會有非常濃烈的硫磺味，甚至會影響呼吸系統。火山口周邊設有緊急避難用的「退避壕」，但為了安全起見，在天氣不佳或是火山活動較為劇烈時，則會禁止接近火山口範圍。

阿蘇神社

全日本罕見橫向參拜道的神社

擁有2千8百餘年歷史，阿蘇神社供奉的主神是神武天皇的孫子「健磐龍命」，以及其妃「阿蘇都媛命」等，共祭祀12柱神，總稱「阿蘇十二明神」。讓人惋惜的是，號稱日本三大樓門之一的大樓門與拜殿於2016年的熊本地震中倒塌，估計需要5年時間進行修復。

阿蘇神社的參拜道路和神社呈平行狀，是全日本罕見的橫向參拜道，參拜道一端朝向阿蘇火山口，另一端朝向祭祀健磐龍命之子的國造神社，這種將重要據點配置於同一直線上的方式稱為「神聖直線」。神社內有一棵名為「高砂之松」的松樹，有締結良緣的功用，據說男性向左繞樹兩圈，女性向右繞兩圈，就能找到另一半。

阿蘇神社境內至今還在進行各方面的修復工程

- 熊本縣阿蘇市一之宮町宮地3083-1
- 0967-22-0064
- 09:00～17:00
- 自由參觀
- 從JR阿蘇站乘搭火車在「宮地」站下車，再步行大概20分鐘；或乘搭產交巴士於「阿蘇神社前」下車
- 0.5小時
- asojinja.or.jp

阿蘇門前町商店街 「水基」巡禮

阿蘇門前町商店街位於阿蘇神社的參拜道路上，短短的街道林立了不少雜貨店、土產店、咖啡館等，漫步在綠樹林蔭的商店街，還會發現隨處可見的「水基」湧泉。

「水基」是指飲水的地方，這裡的泉水甘甜，自古以來就被視為長生不老之泉，一之宮町的民眾一直懷著感恩的心來飲用這些湧水，後來為了能讓更多的人喝到這些甘純的泉水，逐漸也在街上設置了約20處木造或石造的水基，來款待前來的遊人。

- 熊本縣阿蘇市一之宮町宮地阿蘇門前町
- 0967-22-8181(一之宮旅客服務中心)
- 水基全日開放，各店鋪營業時間不同
- 自由飲用
- 從JR阿蘇站乘搭火車在「宮地」站下車，再步行大概20分鐘；或乘搭產交巴士於「阿蘇神社前」下車，再步行大概3分鐘
- 1小時
- www.aso-hifuri.jp

2

1

①甘甜的湧泉被視為長生不老之泉／②馬肉可樂餅(¥180)是阿蘇とり宮的名物

Hana 阿蘇美 はな阿蘇美

吃到飽的採草莓體驗

日本草莓本來的時令季節是5～6月，但為了要滿足12月用於聖誕蛋糕的需求，結果溫室種植草莓竟然成為主流！每年11月下旬開始，就能在市場發現鮮紅欲滴的草莓蹤影，而提供採草莓體驗的農場一般也在12月開始營業。

1

距離JR阿蘇站只有15分鐘車程的Hana阿蘇美，園內主要提供4個品種的草莓，各品種不論在外型、香氣和味道上也有一些差異，吃的時候可以比較一下。走進溫室中隨便採、吃到飽的採草莓樂趣，對小朋友們來說一定也是一個非常棒的體驗！

採摘草莓的時候，切勿用力拉扯，只需於草莓頂部花萼位置往旁邊輕輕折斷就可，摘下來的草莓表面非常清潔衛生，可以不用清洗直接吃，吃完後把花萼收集在農園提供的小袋子中，離開時丟進垃圾筒，切勿把隨意丟在地上，以免造成發霉感染草莓。

園區既有草莓園，也有餐廳和物產館，如果5月上旬～6月中旬，或10月中旬～11月中旬到來，還能在日本最大的玫瑰溫室中，觀賞到400多種的英國及法國品種的玫瑰。

- 熊本縣阿蘇市小里781
- 0967-23-6262

- 草莓園09:00～17:00(只在12～5月底開放)；餐廳11:00～15:00(L.O.14:30)；物產館09:00～18:00
- 草莓採摘：成人¥1,500，小學生¥1,100，幼兒¥800，12月期間需額外加¥200，4月中旬後則減價¥200
- 從JR阿蘇站乘搭產交巴士於「はな阿蘇美前」下車，車程約10分鐘
- 2小時
- www.hanaasobi.info

2

5

3

4

①一口草莓大福(¥200)／②⑤園內主要提供4個品種的草莓／③Hana阿蘇美物產館販賣多種自家製作的商品／④草莓果醬，150g(¥540)，400g(¥1080)，1kg(¥1620)

熊本美食

けしき

醇厚圓潤的
球磨燒酒非常受歡迎

太平燕方便麵(¥580)

熊本特色美食 ——「火之國」的地道美味

熊本位於九州的中央，擁有豐富的天然資源，加上純淨的地下水，讓這個地區孕育出美味的食材。來到「火之國」，除了一碗湯頭濃郁的熊本拉麵外，也不妨嘗試一下這些道地料理。

太平燕

太平燕原是福建省的節日菜肴，在明治時代傳進日本，並在熊本發揚光大，除了在中華料理店，學校的營養午餐中也會出現這道菜。簡單來說，就是一道口感清爽的粉絲湯，湯頭以雞骨燉製，加入蔬菜、豬肉片、雞蛋、花枝、蝦仁等健康配料，在超市和便利商店也能輕易買得到太平燕方便麵喔。

球磨燒酒 球磨焼酎

只有使用熊本縣最南端、人吉球磨地區的優質稻米，以及球磨川清澈乾淨的泉水所釀造的燒酒，而且在當地製造和裝瓶，才能稱為「球磨燒酒」。

這種道地的蒸餾酒，酒精濃度約在25~40度，酒香醇厚圓潤，在縣內擁有大量的支持者。目前在人吉球磨地區共有28個釀酒商家，擁有超過200種以上的品牌。

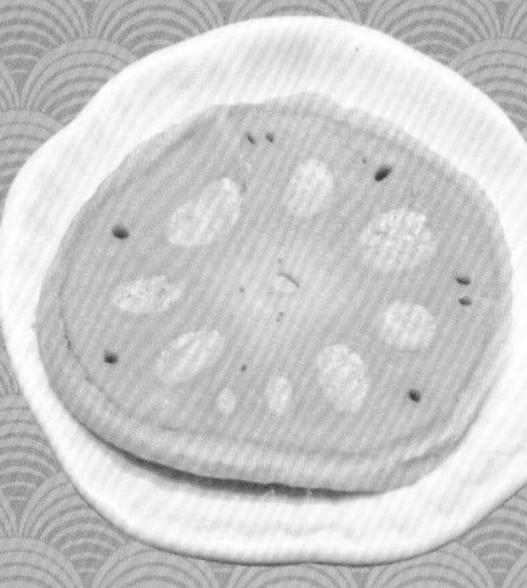

芥末蓮藕是熊本代表性的鄉土料理

馬肉屬於高級日本料理，能夠品嘗馬肉刺身的地方屈指可數

馬肉刺身 馬刺し

馬肉刺身堪稱是熊本縣的代表美食，有別於一般肉類，馬肉的脂肪分布均勻，而且具備低脂、高鐵維和豐富維他命等的優點，肉質鮮嫩帶粉紅，因此又有「櫻肉」之稱。不同等級的馬肉口感相差很多，當然價格越高的馬肉，口感就越細膩美味！

為什麼熊本會有吃馬肉的習慣呢？據說是加藤清正在文祿．慶長之役時，由於食物耗盡，士兵在迫不得已之下只好把戰馬吃掉，卻發現這種肉類意外地好吃，後來就變成習俗在熊本縣流傳下來，至今在超市就能買到馬肉，也是當地相當普遍的肉類。

生吃馬肉聽上去好像有點嚇人，但頂級的馬肉刺身具彈性和嚼勁，口感出乎意料地清爽，搭配混合薑泥和蒜汁的特製醬油一併享用，不單可以殺菌，更能提升味覺的豐富性。食用馬肉是熊本獨特的文化，如果第一次不敢直接嘗試馬肉刺身，可以由馬肉串燒、燉煮馬肉、馬肉鐵板燒等料理開始。

辛子蓮根 からしれんこん

據說辛子蓮根是370多年前，獻給患病藩主細川忠利的開胃食物，辛子蓮根以味噌和黃芥末粉釀入新鮮蓮藕的縫隙中，裹上薑黃製成的黃色麵衣油炸而成。蓮藕的橫切面剛好與細川家的家紋「九曜紋」十分相似，常被當成會帶來福氣的食物。明治維新後，一般家庭也會食用，並成了熊本的鄉土名產。

每一家店製作的芥末蓮藕味道都會有一點不同，有些會是比較強勁嗆辣，有些會比較清爽鮮甜。食用時切成小片，辛辣嗆鼻的風味加上爽脆的口感讓人一試難忘！

◎新幹線口店

桂花拉麵

桂花ラーメン新幹線口店

熊本豚骨拉麵的鼻祖

1955年創業，桂花拉麵以超濃郁的焦蒜湯頭，奠定了熊本拉麵的原型，後來更挾著熊本最強拉麵的名號，在東京大展拳腳，開了9間分店，比起它的發源地熊本縣還要多！

在溫和口感的豚骨高湯中加入被譽為「魔法之油」的蒜油，香氣四溢！桂花拉麵的麵體偏粗，配菜加入爽脆的小塊昆布代替常見的木耳絲，讓整體口感更有層次，來一碗熱賣超過60年的「桂花拉麵」，感受一下正統熊本拉麵的魅力。

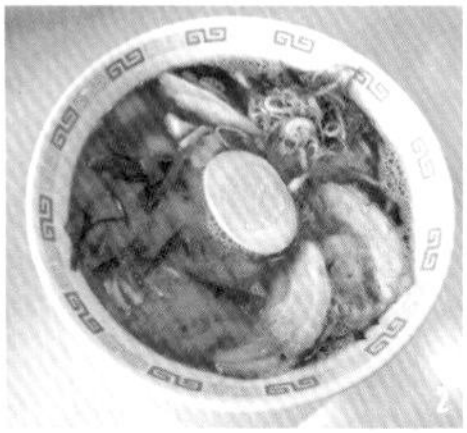

- 熊本縣熊本市西區春日三丁目15-1
- 0963-55-7288
- 11:00～23:00 (L.O.22:30)
- JR熊本站內直達
- keika-raumen.co.jp

①桂花拉麵新幹線口店就在JR熊本站內／②豚骨拉麵(¥680)是桂花拉麵最經典的菜單／③小店門口總是大排長龍／④天外天拉麵(¥750)，濃郁到化不開的豚肉湯頭

◎本店

天外天

雙倍濃郁的味覺衝擊

如果連一般湯頭濃郁的熊本拉麵也不能滿足你的重口味，那麼你一定要吃一下這間天外天拉麵。本店位於鶴屋百貨店後面的巷子裡，只有12個座位，貴為「熊本市內拉麵第1名」，店雖小但客人絡繹不絕，常常需要排隊才吃得到。

天外天拉麵的魅力就是濃稠的豚骨湯頭，不但如此，還添加了炸至酥脆的蒜香粒，以及用爆香蒜頭與麻油調成的蒜油，拉麵上桌時被厚厚的一層粉末狀的油湯和蒜酥覆蓋，卻無法掩蓋讓人食指大動的香氣！

- 熊本縣熊本市中央區安政町2-15
- 0963-54-8458
- 週一～六18:00～02:00，週日休息
- JR熊本站內直達
- tengaiten.jp

◎上通本店

岡田珈琲

昭和時代的老珈琲館

日文的「コーヒー」譯自荷蘭語「koffie」，日本人再根據「コーヒー」的發音寫成的漢字日語「珈琲」，「珈」是古代婦女的一種髮飾，而「琲」指成串的珠子，兩個字也在形容精緻溫婉的小物。

創業於1945年，這間紅磚外牆的岡田珈琲本店位於人來人往的上通入口處，為什麼是「珈琲」而不是「咖啡」？走進店內，在彌漫昭和氛圍的昏黃燈光中，細味一杯沁人的得獎手沖咖啡，伴隨著店裡播放的老爵士音樂，大概就能感受箇中的歷史感。樓高兩層的岡田珈琲，1樓是蛋糕店，2樓是咖啡館。這裡的甜點套餐非常有名，價格約¥850～900，包含一款蛋糕和飲料。

順帶一提，這種昭和時期的老咖啡館一般都是可以吸菸的。岡田珈琲本店於11:00～15:00為禁菸時段，比較在意菸味的人可以選擇在這段時間造訪。

🖂 熊本縣熊本市中央區上通り1-20
☎ 0963-56-2755
🕒 10:00～21:00，不定休
➡ 熊本市電「通町筋」下車步行約1分鐘
http www.okada-coffee.com

①昭和時期的老咖啡館／②岡田珈琲本店位於熊本最熱鬧的上通入口處／③店員會用盤子端出當天的蛋糕給顧客選擇／④春天限定的櫻花抹茶塔派

1

4

3

2

熊本購物

買い物

上通・下通

上通り・下通り

熊本市中心最熱鬧的購物區

乘搭熊本市電在「通町筋」下車就能抵達全市最熱鬧的購物區，由上通和下通連貫起來、長達1公里的商店街林立著百貨公司、流行服飾店、電器專賣店、藥妝店、咖啡館與餐廳等各類店家，加上超人氣的熊本部長辦公室Kumamon Square也在這裡，吃喝玩樂的設施琳瑯滿目，來盡情逛街吧！

上通和下通均擁有寬廣的路面街道和採光屋頂，即使下雨天也能安心在這個熊本最大規模的鬧區購物，雖然兩者都是熱鬧的街區，但還是有些微的不同。上通以年輕族群為消費對象，這邊有許多吸引年輕人的小型服飾店、氣氛輕鬆的咖啡廳等，偶爾還會遇到街頭藝人表演；下通是熊本最長的購物街，以百貨公司、生活百貨店、大型藥妝店、美食餐廳為主，想要感受熊本夜晚的氣氛，就得來這邊的居酒屋與酒吧。

- 熊本縣熊本市上通町、下通本町到下通
- 0963-33-2334(熊本縣觀光課)
- 各店鋪營業時間不同
- 熊本市電「通町筋」下車
- kumanago.jp/tw(光導航>推薦觀光景點>上通・下通)

3

1

2

6

5

4

①不定期的「STREET ART-PLEX KUMAMOTO」街頭表演／②到處都看到熊本熊的蹤影③熊本市最熱鬧的購物區／④上通的大型文具店「甲玉堂」／⑤主打年輕路線的購物中心「COCOSA」／⑥位於下通附近的蔦屋書店熊本三年坂店

長崎次郎書店

復古書店與路面電車風景

路面電車駛過熊本市新町的古老日式街區，與後面的長崎次郎書店悄然形成一道文藝風景。這個地區在以前是城下町，漫步街巷，到處都可以看到黑瓦屋頂的建築物。

創業於明治7年（1874年），這間百年書店是當年文人聚集的地方，夏目漱石、小泉八雲、森鷗外等大文豪也曾到訪，時至今日，還能在店內找到著名小說家村上春樹以及其他漫畫家、電影導演的親筆簽名板。

長崎次郎書店是熊本最早開業的書店，由著名建築師保岡勝也設計，融合西洋和中式風格，這座充滿異國風情的建築走過140餘年的光陰，現已被登錄為有形文化財產。

✉ 熊本縣熊本市中央區新町4-1-19
☎ 0963-26-4410
🕘 10:30～19:00，元旦及藤崎宮秋祭休息
➡ 熊本市電「新町」下車
http www.nagasaki-jiro.jp

①感受由文學和老建築構成的書卷味／②③1樓是書店，2樓是喫茶室／④夏目漱石、加藤清正掛耳咖啡包(各¥150)

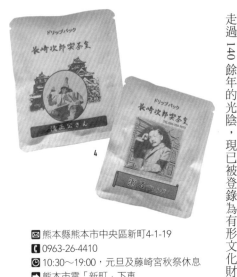

鶴屋百貨店

熊本最大型的老牌購物中心

1951年創業，鶴屋百貨店是熊本市最大型的購物中心，設有本館、東館、WING館和New-S館共4個館，國際服飾名牌、美妝保養、生活雜貨、運動品牌、嬰幼兒童裝、玩具和熊本道地名產等，都能在此買得到。鶴屋百貨店占地面積廣，各館之間有通道互相連接，退稅櫃檯設於本館2樓，熊本熊辦公室在東館1樓。

- 熊本縣熊本市中央區手取本町6-1
- 0963-56-2111
- 本館和東館10:00～19:00(週五、六營業至19:30)，本館7樓鶴屋美食廣場11:00～21:00 (L.O.20:30)；WING館1～3樓10:00～20:00，4樓10:00～19:00(週五、六營業至19:30)；New-S館10:30～20:00；不定休，各店鋪營業時間各有不同
- 熊本市電「通町筋」或「水道町」下車，步行約1分鐘
- www.tsuruya-dept.co.jp

肥後Yokamon市場

肥後よかモン市場

直通熊本站的特產店

肥後Yokamon市場就在熊本站內，門外放置了一個大大的熊本熊迎接所有遠道而來的客人。

這是一個集特產店與餐廳於一身的商場，面積達7千5百平方公尺，商店多達60家，不論是要購買熊本的土產、酒類等特產，或是品嘗馬肉刺身、鄉土料理、熊本拉麵等當地美食，都非常方便！

除了商店和餐廳，還設有觀光案內所，方便剛抵達的旅客索取和查詢最新的旅遊資料。

- 熊本縣熊本市西區春日3-15-30
- 0963-56-5015
- 商店08:00～21:00，餐廳11:00～23:00，觀光案內所08:00～19:00；各店鋪營業時間不同
- JR熊本站內
- higo-yokamon.jp

①②2014年全館進行了翻新工程／③熊本熊辦公室位於鶴屋百貨店東館1樓／④⑤不要錯過跟肥後Yokamon市場門口的熊本熊合照

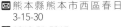

Resters Bed&Co.
レスターズ ホテル
極簡風格旅店

厭倦了一成不變的連鎖商務飯店？如果你喜愛簡約而且具設計感的特色旅館，那你一定會喜歡這間個性十足的Resters Bed&Co.。位於熊本市中心的白川河畔，步行約5分鐘就能抵達最熱鬧的上通．下通。Resters Bed&Co.不單擁有優越的地理位置，乾淨整潔的房間內既有讓旅人一夜好眠的舒適床鋪，也有方便商務旅客工作的書桌。除了有極簡的洋式房間外，也提供鋪設榻榻米地板的傳統日式房間。

想要結交來自世界各地的朋友或是翻閱書籍雜誌，不妨到2樓的共用空間「RESTERS HALL」，這裡還有自助的餐飲區，免費提供咖啡、花草茶，甚至連泡麵也有！

熊本縣熊本市中央區九品寺1-4-18
0962-47-6660
單人房¥4,700起，雙人房¥6,600起，榻榻米雙床房¥8,000起，4人家庭房¥15,800起
熊本市電「水道町」步行約5分鐘
resters.jp

4

3

①②淺灰低調的單人房／③寬闊的共用空間由早上一直開放至晚上11點／④Resters Bed&Co.以清水混凝土來突顯極簡主義風格／⑤RESTERS GALLERY設有不定期的藝術展覽

5

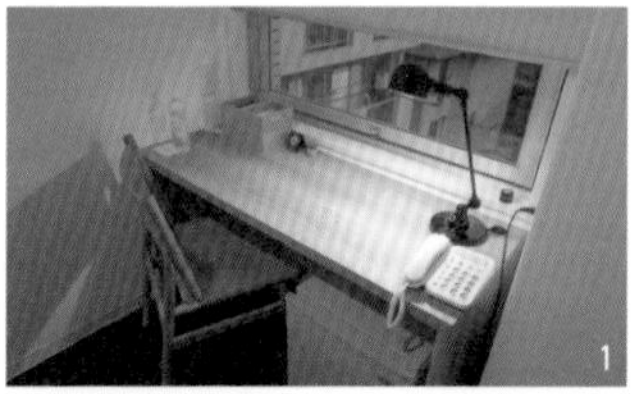
1

2

Aso Base Backpackers

阿蘇バックパッカーズホステル

溫馨舒適！阿蘇站前的超優質青旅

Aso Base Backpackers就在JR阿蘇站不遠處，提供雙人房、雙床房、4人女生專用房與混合宿舍。如果一開始只是為了節省住宿費用而選擇入住青旅，大概會驚歎這地方的高CP值，其溫馨裝潢以及房間舒適度媲美歐洲的民宿。

樓高2層的獨立建築，1樓是客廳和開放式廚房，2樓是客房和衛浴專用空間。客廳中有一個加柴火的壁爐，屋主在晚上會燃燒木材，夾雜「嗶嗶叭叭」的清脆燃燒聲，讓室內倍覺溫暖。

- 熊本縣阿蘇市黒川1498
- 0967-34-0408
- 雙人房¥6,600起，雙床房¥6,000起，男女混合宿舍或女性專用宿舍每床位¥2,800起
- JR阿蘇站步行約2分鐘
- www.aso-backpackers.com

①溫暖木調的大廳／②燃木鑄鐵壁爐很有氣氛／③女生的衛浴專用空間非常寬敞／④因為是膠囊旅館，所有房間都只有拉簾

Hotel The Gate Kumamoto

ホテル ザ ゲート熊本

膠囊旅館也有奢華風格

連接架空天橋，由JR熊本站走路2分鐘即達。Hotel The Gate Kumamoto打破膠囊旅館等於狹小擁擠的印象，以實惠的價格提供豪華奢侈的睡眠空間。

旅館除了提供4～10人使用的混合宿舍外，還有獨立的單人房、上下舖雙床房等，獨立房間雖然空間不大，但挑高的設計毫無壓迫感，讓不習慣膠囊房間的人，也能享有放鬆舒適的住宿體驗。男女分開的共用淋浴間共有15間，可供多人同時使用，無須長時間等候；此外，旅館也準備了免費的洗漱用品、毛巾、睡衣等配備。

- 熊本縣熊本市西區春日1-14-1熊本森都心PLAZZA 1樓
- 0962-88-0170
- 單人床位¥2,700起，上下舖雙床房¥4,900起，1男女混合宿舍每床位¥2,500起
- JR熊本站步行約2分鐘
- hotelthegate.com

熊本精選名湯

黑川溫泉、人吉溫泉

熊本の名湯巡り
黑川溫泉・人吉溫泉

黑川溫泉

Kurokawa Onsen

彷如世外桃源一樣的黑川溫泉隱身在山林間，讓忙碌的都市人重返大自然，並在其中獲得身心靈的療癒，小小的溫泉鄉擠滿了多間風格各異的湯宿，是九州地區人氣最高的溫泉區之一。

從熊本站乘搭九州橫斷巴士到黑川溫泉，需時約3小時；或從博多站乘搭高速巴士前往，約2小時45分鐘。

觀光查詢

黑川溫泉觀光旅館協同組合「風之舍」

kurokawaonsen.or.jp

特輯

黑川溫泉露天風呂巡禮

深受女性喜愛的山間祕湯

黑川溫泉位於熊本縣和大分縣的交接處，區內有約25間溫泉旅館隱身在綠意盎然、標高約700公尺的群山之中，幾乎所有旅館都設有露天溫泉。幽靜的山間祕境氛圍、多樣化的溫泉泉質，加上溫泉街兩旁有很多別致小店，難怪會成為女性旅客最愛的九州溫泉勝地之一。

回溯至戰後50～70年代，日本正值高度經濟增長期，政府鼓勵在交通方便的溫泉地區修建大型的溫泉飯店，這些現代化的飯店對於習慣居住在木建築的日本人來說，相當具有吸引力，當時的日本企業招待客戶或是犒賞員工，也會去這些熱門的溫泉區旅行。

相比附近大分縣的別府溫泉或鹿兒島縣的指宿溫泉，當時的黑川溫泉只是一處默默無名，而且交通不便的小型溫泉區。面對停滯不前的經濟，黑川溫泉的旅館經營業者團結起來聯合成立了「黑川溫泉觀光旅館協同組合」，整合各家的配套設施，例如統一所有看板，定期修剪花草樹木等，大受歡迎的露天風呂的泡湯券「入湯手形」也在這個時候誕生。

1個入湯手形，3種泡湯體驗

入湯手形的出現，讓前來黑川溫泉觀光和療養的遊客絡繹不絕，由於手形的有效期限是購買日後6個月內，因此以「制霸」黑川溫泉為目標而多次造訪的人也非常多，經濟獲得前所未有的急速增長。

入湯手形是直徑約10公分的一塊圓木板，使用了黑川小國鄉地區產的小國杉製作。在黑川溫泉泡溫泉的話，1次費用為¥500～800(各旅館價格或不同)，使用入湯手形只需花¥1,300就能一次體驗3個溫泉；近年更加入有效期限為3天、可與旅伴分享使用的入湯手形(¥2,200／6個溫泉)。

入湯手形在黑川溫泉觀光旅館協同組合「風之舍」或各

1

2

①黑川溫泉有不少男女混浴的「混湯」，在挑選時要留意一下／②使用入湯手形一次體驗3個溫泉

溫泉旅館均可購買，使用時間為8點半至21點，手形背後有貼紙，每去一家溫泉，櫃檯會撕下一張貼紙，並且在手形背後蓋紀念章。

享受多樣化的露天溫泉

接下來要去哪家的溫泉泡湯呢？黑川溫泉各家旅館也絞盡腦汁打造獨特的露天溫泉，不管是充滿野趣的河岸露天浴池，還是女子力十足的小風呂，甚至深受祕湯愛好者喜愛的洞窟溫泉等，挑選喜愛的露天溫泉風格也是一種樂趣！

黑川溫泉的泉質高達7種，像是有美人湯之稱的弱鹼性單純泉、炭酸水素鹽泉和鹽化物泉，可改善體質的硫磺泉和硫酸鹽泉等，不同旅館的泉質也不同，甚至有些相當罕見的泉質，例如治療手腳冰冷的含鐵泉和殺菌能力高強的酸性泉。

觀光案內所　風之舍

「風之舍」(黑川溫泉観光旅館協同組合「風の舍」)是黑川溫泉的觀光諮詢處，遊客可以先在這裡收集資訊和購買入湯手形。此外，由於區內多為狹窄的坡路，自駕者不妨把車子先停泊在「風之舍」門外的大型停車場。

- 熊本縣阿蘇郡南小國町黑川さくら通り
- 0967-44-0076
- 09:00～18:00
- 個人入湯手形¥1,300，小孩入湯手形¥700，可分享入湯手形¥2,200
- 從熊本站乘搭九州橫斷巴士到黑川溫泉約3小時，下車後步行約15分鐘；或從博多站乘搭高速巴士約2小時45分鐘，下車後步行約15分鐘
- www.kurokawaonsen.or.jp

溫泉街中心的觀光諮詢處「風之舍」

地藏堂

奉納入湯手形會帶來好運

這座位於黑川溫泉中心地的「地藏堂」被信奉為溫泉發源地，人們相信黑川地區的溫泉都是以這裡為中心發展起來的。如今所見的地藏堂在昭和初期建成，據說把用完的入湯手形拿到這裡奉納的話，就會獲得好運！

黑川溫泉的發源地

黑川溫泉推薦
すいせん

Fukuroku ふくろく

文青會喜歡的布雜貨小店

位於地藏堂旁上坡的小巷子裡，Fukuroku是一家小小的雜貨店，主要販賣日本製的毛巾和手帕，也有天然染色的圍巾、帽子、使用和服布料製成的手工包以及和紙製品等，商品精緻具手感，如果有文青的朋友，就在這裡挑禮物給他吧！

①店鋪的招牌有一個包著頭巾的女生／②印花棉布手帕(¥540)／③黑川溫泉限定毛巾(¥650)／④貓咪兩用口金包(¥4,200)／⑤雜貨來風遠離溫泉街，特別寧靜

- 熊本縣阿蘇郡南小國町大字滿願寺黑川溫泉
- 0967-44-0296
- 09:00～18:00，不定休
- 從黑川溫泉觀光旅館協同組合「風之舍」步行約10分鐘
- fukuroku.net

雜貨來風 雜貨来風

樹林間的鄉村風小店

喜愛自然風的雜貨小物？那你一定不能錯過這家滿載濃濃鄉村風格的雜貨店。

遠離黑川溫泉的主街道，隱藏在林間的「雜貨來風」，店內琳瑯滿目地陳列了店主精心搜羅的手工藝品，包括由當地手工職人製作的陶藝品、擺設、飾物、布包等等，也有由店主利用周圍樹林撿拾而來的自然素材所製作的作品。此外，店主也是一個愛貓之人，店內不乏各種關於貓的雜貨。

- 熊本縣阿蘇郡南小國町滿願寺黑川溫泉さくら通り6713
- 0967-44-0309
- 09:00～18:00，不定休
- 從黑川溫泉觀光旅館協同組合「風之舍」步行約15分鐘
- www.kurokawaonsen.or.jp(お店一覧>雜貨来風)

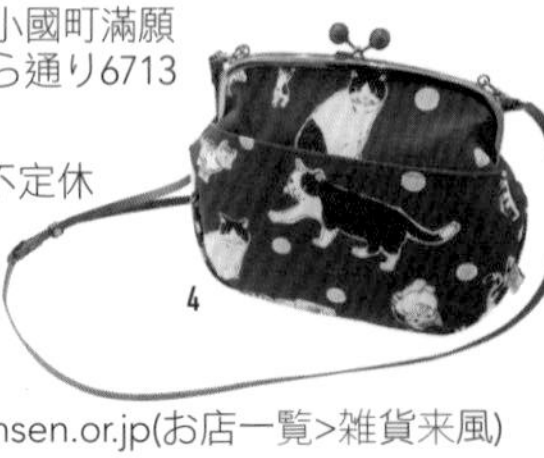

白玉っ子甘味茶屋

晶瑩剔透的白玉湯圓

如果你對日式甜點中的「白玉」毫無抵抗力的話，請一定要來這裡試試看！

店裡的白玉使用了阿蘇地區產的糯米，再以石臼磨製而成，白玉湯圓套餐是店內的人氣第一名，顧客可在黃豆粉、黑糖蜜、紅豆餡等6種配料中選擇2款，使用專用網子撈起享用，超Q彈的白玉湯圓口感近乎完美。

1

2

- ✉ 熊本縣阿蘇郡南小國町黑川溫泉川端通6600-2
- ☎ 0967-48-8228
- ⏲ 09:30～18:00(L.O.17:45)，不定休
- ➡ 從黑川溫泉觀光旅館協同組合「風之舍」步行約10分鐘
- http www.kurokawaonsen.or.jp(お店一覧>白玉っ子)

Patisserie 麓 パティスリー麓

招牌蕎麥粉泡芙

走進Patisserie麓，映入眼簾的是擺放在櫃檯裡各種精緻的甜點，旁邊更有一個大玻璃櫃專門擺放店內的招牌商品「蕎麥粉泡芙」，這種泡芙的特色是麵團在進入烤箱前，裹上一層蕎麥粉，令烘焙效果更具風味。

店員等客人點了餐之後才將香草卡士達填入泡芙中，濃稠的奶油內餡加上香脆的外皮，新鮮現做的蕎麥粉泡芙實在是太美味了！

- ✉ 熊本縣阿蘇郡南小國町大字滿願寺6610
- ☎ 0967-48-8101
- ⏲ 09:00～18:00，週二休
- ➡ 從黑川溫泉觀光旅館協同組合「風之舍」步行約10分鐘
- http www.kurokawa-roku.jp

3

①不要錯過店裡期間限定的甜點／②白玉湯圓套餐(¥918)／③蕎麥粉泡芙(¥250)／④號稱黑川溫泉排行第1名的法式甜品店

4

星野集團 界 阿蘇

星野リゾート 界 阿蘇

森林祕境中的「現代湯治」

在古代日本，溫泉是只有貴族和僧侶才能享用的大自然恩賜，那時候人們去泡溫泉是為了療養，稱為「湯治」。時至今日，來一趟「一泊二食」的小奢華旅行，享受一刻療癒身心的溫泉時光，更符合現代人的湯治風格吧。

界阿蘇的客房以「木頭與石頭的溫暖」為設計主題，在占地約8千坪的森林腹地中只有12間獨立客房，共提供2種客房類型，包括占地78平方公尺、最多可容納4人的和洋室，和占地63平方公尺、最多容納2人的洋室。

旅館無設置大浴池，但每間客房內都擁有隱私度極高的專屬露天風呂，刻意往外延伸至森林的露天風呂，讓住客安心體驗被綠意包圍、與大自然融為一體的感動。

- 📧 大分縣玖珠郡九重町湯坪之本628-6
- 📞 5037-86-1144
- $ 一泊二食(2人1室每人)洋室¥40,000起
- ➡ 預約旅館的專車由黑川溫泉前往，車程大概15分鐘
- http kai-ryokan.jp/ch/aso

2

3

1

①會席料理在選材和餐具擺設上也呈現季節感／②客房內部以阿蘇自然素材點綴／③每間客房皆有伴隨四季美景更迭的專屬露天風呂

山之宿新明館 山の宿新明館

祕湯愛好者必訪的洞窟風呂

入選「祕湯百選」的山之宿新明館，是黑川溫泉最具代表性的旅館之一。這間擁有120年歷史的旅館內有5個溫泉湯池，其中2個特色露天風呂，可以說是祕湯愛好者必訪的地方，包括一面是岩壁另一面是溪流的岩戶風呂，還有老闆親手用鑿及槌子，花了10年時間打造出來的洞窟風呂，蒸汽在狹長的洞內循環，形成天然的桑拿效果。

- 熊本縣阿蘇郡南小國町滿願寺6608
- 0967-44-0916
- 一泊二食(2人1室每人)和室6疊¥16,200起，和室8疊¥17,280起
- 預約旅館的專車由黑川溫泉巴士站接送
- www.sinmeikan.jp

Ikoi旅館 いこい旅館

13種泡湯體驗

以女性為目標顧客的Ikoi旅館，遠遠在門口就看到手捧椿花的少女插畫牌。

館內有13個風格各異的溫泉，包括被選為日本祕湯百選的混浴露天風呂「瀧之湯」，泉水從高處落下，直敲肩背，體驗猶如在瀑布下修行一般的泡湯方式，此外還有深度約為1.5米的「立湯」，手扶竹竿，就能安心讓身體浸泡在溫泉水中。貸切風呂的數量也有6個，來嘗試一下種類豐富的泡湯體驗吧！

- 熊本縣阿蘇郡南小國町黑川泉川端通り
- 5037-86-1144
- 一泊二食(2人1室每人)本館客室¥17,430起，別棟風坊和別棟だんだん¥18,510起
- 預約旅館的專車由黑川溫泉巴士站接送
- www.ikoi-ryokan.com

①②山之宿新明館是黑川溫泉最具代表性的旅館之一／③隱祕度十足的洞窟風呂／④手捧椿花的少女插畫牌是Ikoi旅館的標誌／⑤門口處提供休息的暖炕

人吉温泉

Hitoyoshi

位於熊本縣南部的人吉，保留相良藩的歷史氣息，如今遊走在鍛冶屋町的石板路上，還能感受昔日城下町的風貌，這地區擁有60多處優質的溫泉泉源，市內有多間深受當地市民喜愛的錢湯。

人吉站是眾多「D&S」觀光列車的起發和終點站，除了沿途感受百年鐵道「肥薩線」的魅力外，鐵道迷也不要錯過在此親眼目睹多輛明星列車，在此聚首一堂的壯觀景象。

觀光查詢

人吉市官方網站
www.city.hitoyoshi.lg.jp

特輯 錢湯之都，來一趟日歸溫泉吧！

公共浴場林立的人吉溫泉

位於熊本縣南部的人吉，直到明治時代實施廢藩置縣之前的700多年間，都是相良氏的藩縣。如今遊走在鍛冶屋町的石板路上，透過一座座古老的建築，還能感受昔日城下町的風貌。

「人吉溫泉」是人吉站周圍和球磨川流域約30多處溫泉地的總稱，這地區得天獨厚地擁有約60處，分散在球磨川流域的優質泉源。長流不息的天然源泉不僅保濕效果佳，並具有軟化和去除老化角質層的功效，浸泡後能讓皮膚變得光滑，是典型的「美人湯」。

人吉被稱為溫泉鄉，是近100年才開始的事情。這裡的溫泉沒有具體記載，目前只留下1492年相良藩主的入浴紀錄，而靠近人吉站的溫泉地於1910年(明治43年)才開放，因此可說是非常「近代」的溫泉鄉。

①1931年創業的「新溫泉」是人吉市內的老牌公共浴場／②位於人吉城跡附近的「人吉溫泉元湯」／③球磨川兩旁有多家溫泉旅館

區內設有接近30間稱為「錢湯」的公共浴場，加上泡湯的費用不高，大多￥200左右，許多當地人把「錢湯」當成放鬆、休憩和交流的場所，形成獨特的「錢湯文化」。

人吉溫泉的「錢湯」各具特色，一場來到，不妨體驗一下道地的錢湯風情，順便紓解旅途上的疲勞。其中，位於巷弄中的「新溫泉」於1931年創業，使用傳統技術挖掘溫泉，直接引流約50度的高溫源泉，泉水為帶透明感的淺黑褐色，是罕有的黑色溫泉。此外，在人吉城附近、1965年開業的「人吉溫泉元湯」，寬敞的澡堂有可容納7～8人的浴缸，泉水為無色無味的炭酸水素鹽泉。

鍛冶屋町街道上保留古老的店鋪

音樂旋轉鐘樓(からくり時計)－人吉站前的鐘樓木偶整點秀

人吉站前有一座仿照人吉城所建造的音樂旋轉鐘樓，上層是塗了白漆的天守閣，下層是石牆。3～10月每天09:00～18:00，11～2月每天09:00～17:00，每到整點都會上演約3分鐘的木偶秀。隨著球磨民謠響起，城主、村長、相良少女以及臼太鼓舞團等共17尊木偶會相繼登場。

1

3

2

①人吉車站是日漫《夏目友人帳》其中之一的取景地／②③仿照人吉城所造的音樂旋轉鐘，呈現熱鬧非凡的祭典盛況

人吉溫泉推薦

すいせん

人吉鐵道博物館 MOZOCA Station 868

人吉鉄道ミュージアム MOZOCA ステーション868

大人小孩都喜愛的鐵道博物館

位於JR人吉站旁的人吉鐵道博物館MOZOCA Station 868由「JR九州觀光列車之父」水戶岡銳治監製，以肥薩線為主題，設施豐富有趣，是一個讓大人和小孩也樂而忘返的好去處！

「MOZOCA」是人吉當地的方言，意思為「細小」與「可愛」，鐵道博物館的出入口以及館內設施，都特地為了小朋友的身高而設計得格外矮小。兩層高的博物館，1樓展示大量肥薩線相關的資訊，觀光列車「阿蘇男孩！」的木球遊樂池可以在這裡找到，2樓設有餐廳提供簡餐，也有迷你圖書館和學習空間，屋頂的展望台是觀賞人吉機關車庫的最佳地點！

除了到屋頂的展望台眺望所有進出人吉站的火車外，博物館還鋪設了軌道，小鐵道迷們可以換上不同的站長服飾坐上這台從博物館開往JR人吉站旁的小火車，體驗難忘的火車之旅！

1

2

3

4

5

6

7

- 熊本縣人吉市中青井町343-14
- 0966-48-4200
- 09:00～17:00，週三公休(若為節假日則隔日休館)，12/30～1/2公休
- 館內自由參觀；乘搭迷你小火車和路軌單車一次各¥200
- 從JR人吉站步行約2分鐘
- 1小時
- hitoyoshionsen.net/mozoca_station868

①人吉鐵道博物館限定的熊本熊杯子(¥1,620)／②③乘搭館內的迷你小火車出發往JR人吉站吧／④人吉鐵道博物館推薦給親子遊的旅人／⑤小朋友可租借車長的制服拍照／⑥人吉地區的工藝品「花手箱」(¥864～2,160)／⑦火車明信片(各¥200)

人吉城跡

鎌倉時代築建的城堡遺址

人吉城的歷史相比熊本縣內最知名的熊本城更久遠，這座名列「日本100名城」之一的城堡建於13世紀的鎌倉時代，而且從鎌倉時代到幕末之間的700多年中從未易手，一直是相良藩主的居所。如今人吉城只剩下部分城牆和石階，城內設有一所「人吉城歷史館」，保留了部分石造地下室的遺跡。每年春天，沿著球磨川石牆周圍綻放的櫻花非常漂亮，吸引很多前來賞花的人。

- 熊本縣人吉市麓町18-4
- 0966-22-2324(人吉城歴史館)
- 城跡自由參觀，年中無休；人吉城歴史館：09:00～17:00(最後入場時間16:30)，每個月第二個星期一公休(若為國定假日則隔日休館)，12/29～1/3休假
- 城跡自由參觀；人吉城歴史館：成人¥200，高中生以下免費
- 從JR人吉站步行約15分鐘
- 1小時
- www.city.hitoyoshi.lg.jp(くらしの情報>教育 文化・スポーツ>歴史・文化>人吉城跡)

青井阿蘇神社

日本最南端的國寶建築物

青井阿蘇神社創立於西元806年9月，作為球磨人吉地區的守護神而備受愛戴。主要供奉「阿蘇十二宮」之中的阿蘇山之神「健磐龍命」，以及其妃「阿蘇都媛命」和祂們的兒子「國造速甕玉命」3位天神。

神社境內有本殿、迴廊、幣殿、拜殿和樓門共5棟建築，均採用了桃山時代的建築風格，展現華麗壯觀的氣勢，其中以茅草搭建的樓門更是迫力十足！這些神殿群在2008年被指定為國寶建築物，同時也是日本國內最南端的國寶建築物。

- 熊本縣人吉市上青井町118
- 0966-22-2224
- 08:30～17:00
- 自由參觀
- 從JR人吉站步行約5分鐘
- 0.5小時
- www.aoisan.jp

①只剩下部分城牆和石階的人吉城／②沿著球磨川綻放的櫻花／③具桃山風格的茅草屋頂是青井阿蘇神社樓門的特色／④神社門樓前的池塘架著朱紅色眼鏡橋

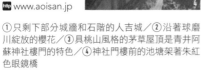

人吉溫泉住宿

しゅくはく

人吉旅館
古色古香的和風旅館

①被列為「國家登錄有形文化財」的人吉旅館／②清流山水花鮎之里為人吉地區規模數一數二的大型溫泉飯店

熊本縣人吉市上青井町160
0966-22-3141
一泊二食(2人1室)每人平日¥13,000起，週末¥15,000起
從JR人吉站徒步5分鐘，或預約旅館接駁車
www.hitoyoshiryokan.com

佇立於球磨川旁，人吉旅館的創始人堀尾芳喜於昭和7年開始挖掘溫泉，2年後開設了在當時還非常罕有的溫泉旅館。旅館的房間由鹿兒島修建神社宮殿的木匠師傅所建，展現昭和初期恬靜古雅的茶室構造。

這家古色古香的旅館，完整保留了創業時的傳統日式建築樣貌，如今已經經營了三代，人吉旅館依然留存寧靜的古民家風情，並於2012年被列為日本的「國家登錄有形文化財」。

清流山水花鮎之里
清流山水花あゆの里
遙望人吉城的精品溫泉旅館

清流山水花鮎之里於1941年創業，其後在2005年重新裝修及擴建，既保留本來傳統溫泉旅館的氛圍，也新增了如精品酒店般的時尚風格。提供和室、洋室以及附露天溫泉的房間等，8款不同類型的房間選擇。

房客可以從開放感十足的露天大浴場，隔著球磨川與隔岸的人吉城遙遙相望，並欣賞附近一帶南九州的山脈。

熊本縣人吉市九日町30
0966-22-2171
一泊二食(2人1室) 每人川景和室¥16,000起，和室附露天溫泉¥21,000起，和洋室附露天溫泉¥19,000起，洋室¥9,000起
從JR人吉站乘車前往，需時約5分鐘
www.ayunosato.jp

島

SHIMA

仙巖園(Senganen)、櫻島(Sakurajima)、西鄉隆盛(Saigoh Takamori)和燒酎(Shochu)是鹿兒島的「4S」。

在以前，鹿兒島是薩摩藩的所在，在推翻江戶幕府的體制，讓日本走向現代化國家的一連串大變革中，薩摩藩是主要推手之一，而「維新三傑」裡面的西鄉隆盛和大久保利通也都出身於此。如今遊客前來鹿兒島，可以參觀多個與明治維新相關的博物館和遺跡，深入了解幕府末期薩摩的情況以及支持維新的英雄事蹟等，緬懷這段波瀾壯闊的歷史。

自2011年九州新幹線全線開通以後，整個九州被方便快捷的JR列車網路覆蓋，大家不再只著眼於熟悉的北九州，遊覽的景點也漸漸由福岡、熊本、湯布院等人氣地區延伸至

南九州的鹿兒島。

鹿兒島縣擁有多種不同面貌的溫泉區，例如以砂蒸溫泉聞名的指宿以及隱身深山的霧島溫泉等；此外，與鹿兒島市一海之隔的櫻島至今仍然持續有火山活動，讓鹿兒島市成為世界上少數緊鄰活火山的大城市。

區域地圖

搭乘飛機

鹿兒島機場位於霧島市，國際線主要有往來台北桃園國際機場、香港國際機場、首爾仁川機場和上海浦東機場。目前往返桃園國際機場與鹿兒島機場的定期航班，逢週一、二、四、五及日啟航，飛行時間約為 2 小時 10 分鐘；此外，每天也有直航往返香港和鹿兒島之間班機，飛行時間約為 3 小時 10 分鐘。

由鹿兒島機場前往鹿兒島市區沒有鐵道直達，主要的大眾運輸為巴士，在 2 號巴士站乘搭每 10 ～ 15 分鐘發車的機場利木津巴士，抵達鹿兒島中央站的車程大約 40 ～ 60 分鐘，票價 ¥1,250。

交通查詢

鹿兒島交通：www.iwasaki-corp.com

南國交通株式會社：nangoku-kotsu.com

搭乘火車

自 2011 年九州新幹線全線開通以後，整個九州被方便快捷的 JR 列車網路覆蓋，大家不再只著眼於熟悉的北九州，遊覽的景點也漸漸由福岡、熊本、湯布院等人氣地區延伸至南九州的鹿兒島。鹿兒島中央站是縣內的交通樞紐，以巨型摩天輪為標誌，內含新幹線、特急列車、觀光列車等多條鐵道路線。

出發地	鐵路／所需時間	指定席價格(¥)
新大阪	新幹線：約4小時	21,900
廣島	新幹線：約2小時15分鐘	17,880
大分	特快列車：博多→換乘新幹線（共約3小時 30分鐘 ）	15,150
博多	新幹線：約1小時30分鐘	10,450
鹿兒島中央	新幹線：約1小時	6,940
宮崎	特快列車：約2小時15分鐘	4,230

*因日本消費稅更改的關係，2019年10月1日以後JR價格會調漲。詳情請參考JR官方網站www.jrkyushu.co.jp/chinese。

1

2

①②鹿兒島機場有免費的天然溫泉足湯供旅客使用，溫泉毛巾¥200

市內交通

鹿兒島市內路面電車(市電)

九州擁有路面電車系統的城市有3個：鹿兒島、熊本及長崎。鹿兒島的路面電車軌道綠化工程大概在2012年完成，在軌道鋪上草皮除了讓景觀變好外，也緩和噪音和熱島現象，更能減少列車於行車時的震動，讓乘客有更舒服的搭乘體驗。

市電分為1號線(鹿兒島中央站前——經由騎射場——谷山)及2號線(鹿兒島中央站前——經由鹿兒島中央站前——郡元)，全線均一單趟票價為大人¥170／兒童¥80。

鹿兒島城市環遊巴士 (Kagoshima City View Bus)

初次遊覽鹿兒島，推薦使用鹿兒島城市環遊巴士。由鹿兒島中央站發車，停靠所有市內主要觀光景點，單趟票價為大人¥190／兒童¥100。購買專為遊客而設的乘車優惠券，不但可隨意搭乘各種交通工具，還附有景點折扣優惠，非常划算！

1

乘車券類別	「鹿兒島市電／市營巴士／觀光巴士」一日乘車券	Welcome Cute	「市區巡遊巴士(Machi-meguri Bus)篤姬號．西鄉殿號」一日乘車券
適用交通工具	●鹿兒島城市環遊巴士 ●觀光電車 ●市電 ●市營巴士	●鹿兒島城市環遊巴士 ●觀光電車 ●市電 ●市營巴士 ●櫻島渡輪 ●周遊觀光船 ●櫻島周遊巴士	只適用於「市區巡遊巴士(Machi-meguri Bus)篤號 西鄉殿號」
價格	大人¥600／兒童¥300	1日票 大人¥1,200／兒童¥600 2日票 大人¥1,800／兒童¥900	大人¥500／兒童¥250 *單趟乘車大人¥170／兒童¥90
推薦使用	集中在鹿兒島市中心觀光	鹿兒島市中心觀光及前往櫻島	想要快速遊覽鹿兒島市內的主要景點

2

①鹿兒島市電／市營巴士／觀光巴士一日乘車券／②除了各款特別的JR列車，路面電車的魅力也值得細味③鹿兒島中央車站

區間	鹿兒島中央⟷指宿
可使用的鐵路周遊	○全九州版鐵路周遊券 ×北部九州版鐵路周遊券 ○南部九州版鐵路周遊券
總車程	約50分鐘
普通單程票價	¥2,140
座位	○指定席　×自由席
運行日期	○每天運行

*因日本消費稅更改的關係，2019年10月1日以後JR價格會調漲。詳情請參考JR官方網站www.jrkyushu.co.jp/chinese。

①指宿之玉手箱乘車紀念證②車門開啟時，會噴出白色煙霧，令人深入其境③面向窗外的座席④俐落黑白色的「指宿之玉手箱」／⑤指宿之玉手箱限定的黑芝麻雙色布丁(¥410)

特快列車「指宿之玉手箱」

浦島太郎傳說，會移動的玉手箱

以浦島太郎傳說為靈感，往來鹿兒島中央車站與指宿的「指宿之玉手箱」非常熱門，行駛時靠海側為白色，靠山側為黑色，黑白郎君一樣的車體非常俐落。從車窗可眺望錦江灣和櫻島，如果不提早預約，幾乎無法搶到海景座位！

傳說中，浦島太郎從龍宮回到陸地，打開玉手箱寶盒時，從寶盒中噴出一陣白色煙霧，浦島太郎瞬間由少年變成老人家。「指宿之玉手箱」列車靠站開門時，車門上方也會噴出一陣白色煙霧，還原浦島太郎的傳說。

特快列車「伊三郎・新平」

罕見螺旋式以及Z字型爬升鐵道

「伊三郎」與「新平」其實是同一輛火車，為紀念明治時代對鐵路建設作出貢獻的遞信大臣山縣伊三郎，以及以鐵道院總裁後藤新平為名，往吉松方向行駛時稱為「伊三郎」，而往人吉方向就稱為「新平」。

1909年通車的肥薩線，當年是九州的交通要道，但隨着新線路的增加而慢慢被遺忘。「伊三郎・新平」在1996年開始營運，後來在2009年，肥薩線百周年紀念那一年，SL人吉也重返崗位，讓這條百年鐵路再度熱鬧起來！

乘坐鮮紅色的「伊三郎・新平」穿越九州中部山脈，由於高低起伏很大，列車行駛至大畑站時會緩緩駛過螺旋式的鐵道再折返倒車，這也是日本唯一具有螺旋式與Z字型等特殊鐵路景觀的車站，如此特別的車軌是為了遷就險要的山道而建，也是鐵道迷夢寐以求的火車體驗。此外，「伊三郎・新平」會在大畑站、矢岳站和真幸站短暫停留，乘客可以把握短短幾分鐘下車參觀。

①乘坐鮮紅色的「伊三郎・新平」穿越九州中部山脈／②據説把名片貼在大畑站的牆上就可以出人頭地／③列車停靠真幸站時，大家可以去敲響月台上的「幸福之鐘」

區間	熊本←→吉松
可使用的鐵路周遊	○全九州版鐵路周遊券 ×北部九州版鐵路周遊券 ○南部九州版鐵路周遊券
總車程	約2小時50分鐘
普通單程票價	¥3,930
座位	○指定席　○自由席
運行日期	○每天運行

*因日本消費稅更改的關係，2019年10月1日以後JR價格會調漲。詳情請參考JR官方網站www.jrkyushu.co.jp/chinese。

區間	鹿兒島中央←→吉松
可使用的鐵路周遊	○全九州版鐵路周遊券 ×北部九州版鐵路周遊券 ○南部九州版鐵路周遊券
總車程	約1小時40分鐘
普通單程票價	¥2,500
座位	○指定席　○自由席
運行日期	×每天運行 ○主要在週末和假日運行，實際運行日期請參考JR九州網站

*因日本消費稅更改的關係，2019年10月1日以後JR價格會調漲。詳情請參考JR官方網站www.jrkyushu.co.jp/chinese。

①威風凜凜的「隼人之風」／②隼人之風乘車紀念證

特快列車「隼人之風」

威風凜凜的黑色列車

「隼人」是古代日本南九州地區的原住民，2004年開始營運的「隼人之風」以此命名。連接肥薩線吉松站和鹿兒島中央站，特快列車「隼人之風」漆黑帥氣的車身令人印象深刻，車廂內利用木材營造溫馨又懷舊的氛圍。列車會途經並短暫停留2個百年木造車站「嘉例川」和「大隅橫川」，屆時不妨把握時間，下車感受一下這些古老車站的歷史氣息。

鹿兒島地區的鐵道便當

蝦便當

多次獲得九州車站便當獎項，採用出水沿岸捕獲的蝦子製作，混合海鮮一起煮成的米飯香氣撲鼻，配料還有燒肉、炸蝦、捲蛋、肉丸和醃漬菜等配料，食材的顏色搭配也相當吸引人！

蝦便當(¥930)

鹿兒島黑黑黑

黑豚、黑牛加上黑雞，雲集3種鹿兒島知名的「黑」於一個便當，配以各種鹿兒島的小菜，黑豚味噌烤，燉黑牛肉和炸黑雞，哪一個才是你的最愛呢？

鹿兒島黑黑黑(¥1,080)

枕崎浜便當

位於鹿兒島南部的枕崎漁港號稱「鰹魚之鄉」，這個便當加入大量漁產，照燒魚肉、炸魚、薩摩揚(鹿兒島甜不辣)等等，最特別的是，它的米飯是用烤火腿與鰹魚煮成的，海味十足的便當。

枕崎浜便當(¥1,100)

特輯

薩摩藩、幕末・維新和鹿兒島

開展波瀾壯闊的新時代序幕

1867年，明治天皇即位，並計畫討伐幕府。第15代將軍德川慶喜省察時勢，把政權交還天皇，史稱「大政奉還」，結束了自1603年德川家康開創、持續265年的幕府統治。明治新政府隨即開展維新圖強大業，並致力推行各項改革，正式揭開明治維新的新時代序幕。

在推翻江戶幕府的體制，讓日本走向現代化國家的一連串大變革中，當時的薩摩藩（現在的鹿兒島縣）正是背後的主要推手之一。

末代武士——西鄉隆盛

2003年上映的好萊塢電影——《末代武士》(The Last Samurai)以日本後一場內戰「西南戰爭」和明治維新初期作為背景，當中由日本演員渡邊謙演繹的森次勝元，角色藍本就是薩摩的偉人——西鄉隆盛。

身穿軍服的西鄉隆盛石像豎立在城山山腳

出生於鹿兒島加治屋町的西鄉隆盛，本來是下級武士，因獲得薩摩藩主島津齊彬的賞識而被提拔重用，他是幕末維新時期舉足輕重的人物之一，與同是名臣的大久保利通、木戶孝允並稱為「維新三傑」。而這三傑之中，又以西鄉最受日本人喜愛，因為他具備了武士道精神的原型，也就是惻隱之心與慈悲之心。

明治維新實現了王政復古，但明治早期的日本依然處於「藩國」形態，然而一個時代的終結代表著新時代的崛起，當整個日本也在飢渴地吸收西方文化，武士道精神彷彿已經不合時宜。新政府也為了鞏固勢力，頒布多項針對武士階級的法令，企圖全面取消武士特權。

明治2年（1869）實行版籍奉還，各大名向天皇交還領土和轄內臣民；7年後廢除所有支給士族的俸祿，同年「廢刀令」宣布，不許武士佩刀；此時，支持武士生計的家祿和精神支柱武士刀都被廢去。此舉引起很多士族的不滿，更發動了零星叛亂，但每次暴亂也被政府軍鎮壓下去。

①②西鄉隆盛誕生地／③被卡通化的西鄉隆盛通常與愛犬一同登場，這隻外表可愛的小狗其實是性格兇猛的薩摩犬

明治維新後，西鄉隆盛因與新政府政見不合，而辭去參議回到故鄉開辦「私學校」，教授傳統漢學和武術。到了明治10年(1877)，政府的挑釁行動成為引爆點，一直保持沉默的西鄉隆盛終於領軍1萬3千人發動最大的士族叛亂。

歷時半年以上的「西南戰爭」在同年9月24日畫上句點，西鄉隆盛率領僅餘約400名薩軍冒死突襲政府軍，但在政府軍強力炮火之下全軍覆沒，他本人的腰部和大腿亦中彈受傷，最後在鹿兒島的城山舉刀自刎，由別府晉介擔任介錯人，將其頭顱砍下，終結悲壯的一生。

作為近代日本史上規模最大、也是最後的一場內戰，西南戰爭可喻為是武士時代的終結，以後再也無人有能力起兵，反政府陣營不得不放棄以武力奪取政權方針，改為尋求在自由民主中找出路，也為日後日本的自由民權運動奠下基礎。

④西鄉的座右銘「敬天愛人」／⑤西鄉隆盛以及其他2,023名薩摩義士長眠的南洲墓地

維新故鄉館 維新ふるさと館

回顧維新英傑在動盪新時代所開創的偉業

維新故鄉館在1994年落成，隨著《篤姬》、《龍馬傳》、《西鄉殿》等大河劇熱播，近年吸引大批遊客造訪。展館1樓介紹幕府末期薩摩的情況以及支持維新的英雄事蹟，地下1樓的維新體驗廳裡面有西鄉和大久保等人的等身機器人，透過立體互動的方式展現充滿張力的臨場感。除了體驗薩摩男兒的熱血，華麗的「篤姬居室」也是大受歡迎的地方！

- 鹿兒島縣鹿兒島市加治屋町23-1
- 0992-39-7700
- 09:00～17:00(最後入館時間16:30)，全年無休
- 成人¥300、國中及小學生¥150
- 從鹿兒島中央車站徒步8分鐘；或從JR鹿兒島中央站乘搭觀光巴士在「維新ふるさと館」下車；或鹿兒島市電「高見橋」下車步行3分鐘
- 1小時
- ishinfurusatokan.info

⑥西鄉隆盛下野回鄉後常常牽著愛犬在薩摩藩領內打獵／⑦天璋院篤姬的房間

仙巖園 仙巖園

島津家的別邸與庭園

仙巖園是江戶時代薩摩藩主島津家的別邸，由第19代島津光久於1658年建造，有「天下名園」的美譽。島津齊彬、篤姬等日本歷史名人都在此留下足跡。

別名「磯庭園」的仙巖園是日本其中一個知名歷史庭園，取名自中國江西省龍虎山的地名「仙巖」，庭園造景受到中國文化影響，其特色是採用借景技法，以庭園面對的櫻島活火山為假山、錦江灣為池塘。

時至今日，遊人漫步在依山畔水的庭園，欣賞園內花蹤處處、樹影婆娑的優美景致，細味昔日薩摩藩主的生活。

1

2

3

4

島津齊彬的工業試驗場

第28代島津齊彬在位期間積極引進西方的工業技術，他以鹿兒島地區為中心建設了日本第一個近代西式工廠群，其中涉及造船、冶煉、紡織、軍事工業及玻璃製造等，被統稱為「集成館」。

當時仙巖園的一部分，也被徵用為建造歐洲式製鐵所及製造硝石的工廠。如今位於仙巖園售票口附近的「反射爐遺蹟」，是當年為了鑄造大砲而建造的工廠，高度約有20米的建築是當年「集成館」的重心所在，在此鑄造的大砲後來更在薩英戰爭中大發神威。遊客可到尚古集成館，透過模型欣賞它本來的全貌。

- 鹿兒島縣鹿兒島市吉野町9700-1
- 0992-47-1551
- 08:30～17:30，御殿09:00～17:00(最後入場時間16:50)
- 仙巖園．尚古集成館通票成人¥1,000，中小學生¥500；仙巖園．尚古集成館．御殿通票成人¥1,300，中小學生¥650；御殿門票可在御殿玄關直接購買，成人¥300，中小學生¥150
- 從JR鹿兒島中央站乘搭觀光巴士前往約30分鐘，在「仙巖園前」下車
- 1.5小時
- www.senganen.jp

①御殿前方的庭院空地是拍攝櫻島的最佳位置／②春天的仙巖園是賞花的好地方／③御殿內保留島津家在此生活過的痕跡／④參觀後可以在御殿內免費享用抹茶及和菓子／⑤⑥園內餐廳「松風軒」提供價格合理的鹿兒島鄉土料理／⑦據說過去只有藩主及嫡男才能通過的「錫門」，其特徵是屋頂使用錫瓦覆蓋／⑧逛累了不妨進去仙巖園茶寮小歇一下。抹茶聖代百匯(¥700)／⑨至今只殘留地基部分的反射爐遺蹟

貓奴必訪的貓神社

第17代島津義弘在文祿之役（1592～1593年）出兵朝鮮時帶了7隻貓一同前往，據說當時以貓的瞳孔變化判斷時辰。在御殿後方有一座小型的神社祭祀2隻戰後歸來的貓，將貓供奉為時間之神相當罕見，每年的2月22日更會舉辦祈福愛貓健康長壽祭典儀式！

貓神社如今是貓奴為「主子」祈求的地方

觀光案內所　**尚古集成館**

以「明治日本產業革命遺產」躋身世界文化遺產

島津齊彬興建的「集成館」是一個巨大的工廠建築群，前身是機械工廠的「尚古集成館」於1865年竣工，1923年起以博物館的姿態對外開放，主要介紹島津家800年歷史和日本近代化工業的輝煌事蹟。2015年以「明治日本產業革命遺產」的一部分躋身世界文化遺產。憑仙巖園．尚古集成館通票免費入場。

- 鹿兒島縣鹿兒島市吉野町9698-1
- 0992-47-1551
- 08:30～17:30
- 仙巖園．尚古集成館通票成人¥1,000，中小學生¥500
- 從JR鹿兒島中央站搭觀光巴士前往約30分鐘，在「仙巖園前」下車
- 0.5小時
- www.shuseikan.jp

①鹿兒島的不倒翁守護神，紅色(¥440)保佑家內安全，白色(¥470)祈求美顏效果／②③尚古集成館是日本現存最古老的石造洋式機械工廠

城山展望台

飽覽鹿兒島市和櫻島美景

城山於1823年開放作為鹿兒島市首個供市民休憩的公園。位於山頂、標高107公尺的城山展望台，是市內最高的地點，站在這裡就能一覽無遺整個鹿兒島市區街景，以及一海之隔的櫻島活火山。

城山除了是遊客必訪的觀光景點外，也是重要的歷史舞台，城山周邊一帶是日本最後一場內戰──「西南戰爭」的最終激戰之地，展望台附近保留眾多有關西南戰爭的史跡，當中西鄉隆盛度過人生最後5天的「西鄉洞窟」，極具歷史意義。

- 鹿兒島縣鹿兒島市城山町
- 0992-86-4700(鹿兒島觀光會議協會)
- 全日
- 自由參觀
- JR鹿兒島中央站乘搭觀光巴士約20分鐘，在「城山」站下車，再步行5分鐘
- 0.5小時
- www.kagoshima-yokanavi.jp(觀光情報檢索>城山)

西鄉洞窟 西鄉隆盛度過人生最後5天之地

1877年9月19日至24日清晨期間，西鄉隆盛在此度過人生最後的5天。邁入西南戰爭的最後階段，薩軍在城山被政府軍包圍，這個位於城山山腰的洞穴是西鄉隆盛的最後根據地，他在這個入口高度為2.5米、深4米的洞穴中指揮薩軍作戰。

- 鹿兒島縣鹿兒島市城山町
- 0992-86-4700(鹿兒島觀光會議協會)
- 全日
- 自由參觀
- 乘搭觀光巴士在「西鄉洞窟前」站下車即到
- 0.5小時
- www.kagoshima-kankou.com(光スポット>西鄉隆盛洞窟)

「西鄉洞窟」在1974年被指定為鹿兒島市的歷史遺址

磯工藝館 磯工芸館

薩摩切子工場見學

日文的「切子」是指玻璃雕花製品，具有透明感的玻璃器皿非常適合夏天使用，彰顯職人功力和技巧的切子更是日本傳統工藝，洗鍊清爽的風格為餐桌增添華麗光彩。

日本最具代表性的切子要數「薩摩切子」和「江戶切子」，兩者之間的區別是江戶切子比較薄和透明，薩摩切子相對厚重，而且注重多層次的暈染技巧。和江戶切子鮮明華麗的紋樣不一樣，薩摩切子的紋樣多為複雜而且具吉祥象徵的幾何圖形，例如「龜甲」、「十六菊」和「蜘蛛之巢」等。

薩摩切子是當年島津齊彬的「集成館」事業中重要的一環。幕末時期，薩摩切子主要作為海外貿商品，以及獻給達官貴人的貢禮，也是篤姬的嫁妝之一，然而這個獨特的玻璃工藝卻在明治維新後失傳。到了1985年，鹿兒島開始了薩摩切子的復原工作，才把這項幾乎失傳的工藝再次呈現於世人面前。

- 鹿兒島縣鹿兒島市吉野町9688-24
- 0992-47-2111
- 商店：08:30～17:30，全年無休；工場參觀時間：09:00～17:00，逢週一和每月第3個週日公休
- 自由參觀
- 從JR鹿兒島中央站乘搭觀光巴士前往約30分鐘，在「仙巖園前」站下車，步行3分鐘
- 0.5小時
- www.satsumakiriko.co.jp

①以薩摩切子做成的墜鍊、耳環等飾品非常受歡迎／②多層次的暈染技巧和幾何紋樣是薩摩切子的特色／③④每一款晶瑩通透的薩摩切子工藝品都價值不菲／⑤磯工藝館現為展示及銷售薩摩切子的商店

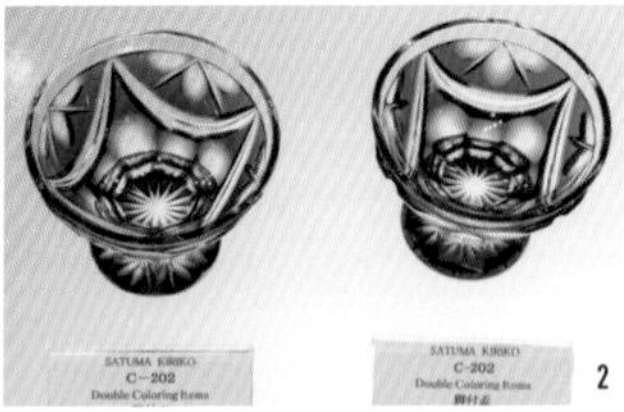

觀光案內所

薩摩切子的製作過程

見證晶瑩剔透的薩摩工藝誕生

位於磯工藝館後方的薩摩切子工場，每天免費開放 3 個時段 (09:00 ～ 10:00、10:15 ～ 15:00 和 15:15 ～ 17:00)，讓遊客近距離了解薩摩切子的製作過程。

Step 1 混合玻璃原料後放入1100℃的高溫熔爐中

Step 2 調整底層的透明玻璃

Step 3 在玻璃外層裹上一層有色玻璃，再以吹製模型的方法調整形狀

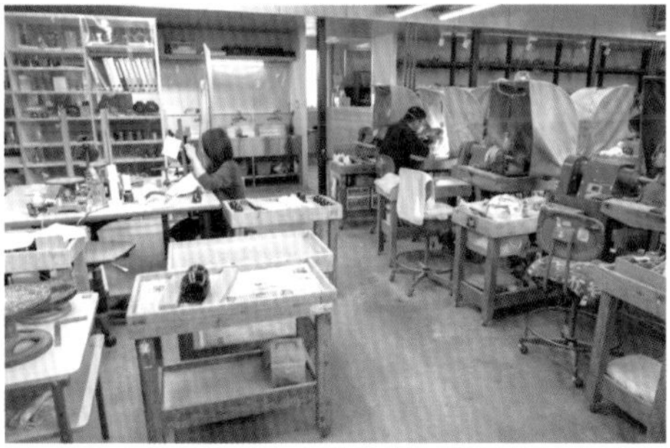

Step 4 冷卻後的半成品送到旁邊的加工場，進行後製工序

Step 5 在玻璃畫上分割線，並依線條進行切割

Step 6 切割完成後再依次序以木盤、刷子及海綿進行細節的研磨即完成

知覽武家屋敷

漫步薩摩小京都

距離鹿兒島市1個多小時車程的知覽，是日本其中一個知名的產茶區，完好保存了17～18世紀初修建的武家屋敷，更讓此地區贏得「薩摩小京都」的美譽。遊走雅緻懷舊的街道中，彷如穿梭時光隧道回到江戶時代！

武家屋敷是武士居住的村落，一所所武士宅邸沿著長700公尺砌築工整的石牆和樹籬延伸，根據史料記載，知覽武家屋敷在江戶後期，一度聚居有近500所薩摩武士宅邸。

知覽武家屋敷已被選定為日本國家級重要傳統建築物群保護地區，其中7個庭園更是「名勝」，其共通點皆借景母岳的優雅身姿，7個庭園當中只有1個為有真實水池存在的池泉式庭園，其他的6個為枯山水式庭園，以白砂等素材來比喻水池。如今的武家屋敷多為私人住宅，除了7個知名的庭園外，遊客亦可到免費開放參觀的舊高城家住宅，一窺藩政時代的武士宅邸。

- 地址：鹿兒島縣南九州市知覽町郡13731-1
- 電話：0993-58-7878
- 時間：09:00～17:00
- 費用：武家屋敷街道及舊高城家住宅自由參觀，7個庭園通票：成人¥500，兒童¥300
- 交通：由鹿兒島中央車站或山形屋巴士中心乘坐前往知覽的巴士，在「武家屋敷入口前」下車，車程大概1小時15分鐘
- 參觀時間：1.5小時
- 網址：chiran-bukeyashiki.com

①舊高城家住宅免費開放參觀／②舊高城家住宅門口的心型許願池／③舊高城家住宅的室內空間／④武家屋敷蜿蜒曲折的街道是為了防止外亂入侵

1

4

3

2

✉ 鹿兒島縣南九州市知覧町郡13746-4
☎ 0993-83-3963
◷ 資料館：10:00～17:00，週二及年末年始公休；茶室：11:30～17:00；商店：10:00～17:00
$ 茶室和商店不用門票；資料館：成人¥350，中小學生¥250
➡ 由知覽武家屋敷巴士站步行即到
⌛ 1小時
http www.satsuma-eikokukan.jp

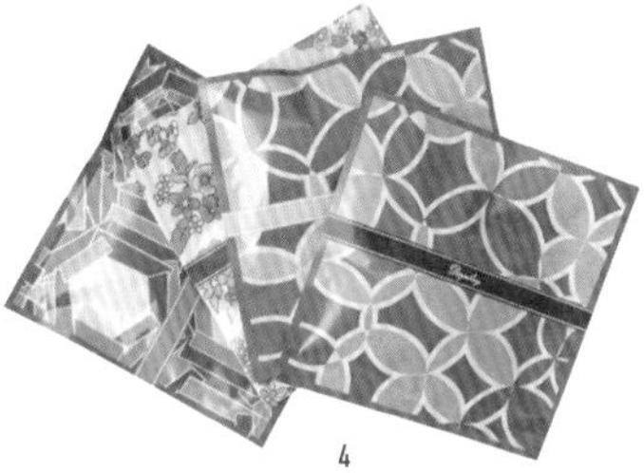

薩摩英國館 Tea World

當薩摩茶鄉遇上英國紅茶

鹿兒島縣的茶產量排行全日本第2名，在知覽，每年4月中旬就能品嘗到新茶，是全日本最早出產新茶的產區。綠茶以外，位於武家屋敷附近的薩摩英國館TeaWorld，他們自產自銷的紅茶在英國的Great Taste Awards紅茶部門，獲得金獎後一舉成名。

薩摩英國館門口擺放的紅色倫敦巴士相當引人注目，店裡面有展示幕末薩摩藩與英國相關聯物品的資料館，也有各種茶葉與茶飲相關的雜貨販賣，還能在這裡品嘗一份正統的英式下午茶。

①擺放在門口的倫敦巴士是薩摩英國館的標誌／②薩摩英國館附設的茶座／③雙層巴士內部也開放參觀／④獨立包裝的袋茶(¥850／4包)／⑤館內販賣的都是英式茶藝相關的產品／⑥薩摩英國館的獲獎茶葉「夢ふうき」深受內行人的喜愛

櫻島 桜島

近距離欣賞活火山

櫻島與距離居住了60萬人的鹿兒島市僅一海之隔，乘搭渡輪只需15分鐘就能抵達。海拔1,117公尺、周長約36公里的島上居住了約4千人，櫻島是現今世界上其中一座屈指可數的海上火山島。

開車環島一圈大概1小時，不妨來一趟悠閒暢快的兜風小旅行，並登上海拔373公尺的湯之平展望所，近距離感受活火山的洶湧。

櫻島港渡輪碼頭

櫻島港渡輪碼頭在2018年翻修完成，裡面的SAKURAJIMA TRAVEL STORE販賣很多原創的鹿兒島相關商品，提供輕食和咖啡飲料等的MINATO cafe，也設有觀光中心。

月讀神社

「月讀」是日本神話中掌管夜國的神祇，日本各地也有月讀神社，櫻島的月讀神社有一款造型可愛的「幸福鴿子神籤」（幸福鳩みくじ），鳩（在日文裡指鴿子）是幸福的象徵，有不少婚禮紀念品或是神社的神籤、御守都以鴿子為造型。

1

櫻島遊客中心（桜島ビジターセンター）

櫻島遊客中心不單提供相關觀光資訊，裡面還有一個火山博物館，詳細展示櫻島的歷史及地質變遷等資料，參觀者可以通過實時影像鏡頭或即時的地震表數據，了解更多關於櫻島的知識。

- 鹿兒島縣鹿兒島市櫻島
- 0992-86-4700(鹿兒島觀光會議協會)
- 全日
- 自由參觀
- 乘搭觀光巴士到「水族館口」站下車，再搭乘大概15分鐘渡輪，渡輪24小時航運，成人單程船票¥160，兒童¥80，汽車也能直接上渡輪，車長4公尺以下¥1,150(含司機船票)
- 3小時
- www.sakurajima.gr.jp

①在櫻島的每個角落都能見到火山口裊裊長煙的景象／②③全長3公里的櫻島容岩步道入選「日本遊步百選」／④自由放養的櫻島貓完全不怕生／⑤SAKURAJIMA TRAVEL STORE是以旅行和生活為主題的商店／⑥MINATO cafe以薩摩地瓜製作的Yellow-Submarine(¥700)／⑦徒步可到位於櫻島港的月讀神社／⑧幸福鴿子神籤(¥100)／⑨旅客可在櫻島遊客中心索取觀光資訊和購買特色商品

2

3

7

4

5

9

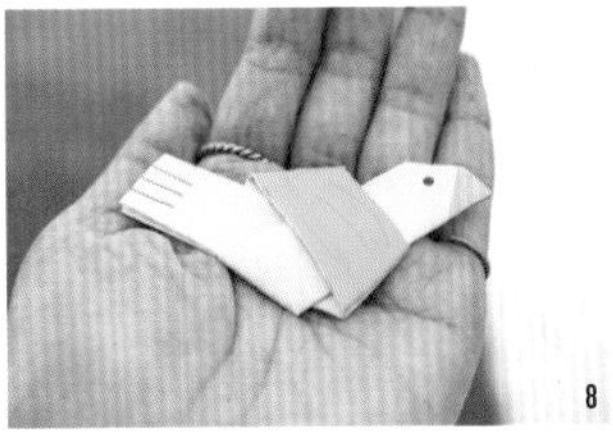
8

6

櫻島熔岩海濱公園足湯（桜島溶岩なぎさ公園足湯）

從櫻島港步行10分鐘，在櫻島熔岩海濱公園裡有一個全長近100公尺、被譽為是全日本規模最大的免費足湯，引用地下1千公尺處湧出的天然溫泉，一邊泡腳一邊欣賞櫻島火山的英姿。

湯之平展望所

標高373公尺的湯之平展望所，是櫻島島內最高的瞭望台，由櫻島碼頭搭乘櫻島周遊巴士在「湯之平展望所」站下車即到。站在這個最接近櫻島火山的地方，除了可以清楚看到火山表面岩石的節理，由火山口噴起的煙霧也彷彿伸手可及。

①來療癒一下旅途中疲憊的雙腳／②湯之平展望所是島上最接近櫻島火山的地方

豆知識　火山噴發是鹿兒島的日常風景

根據歷史記載，櫻島大型的火山爆發有 17 次，其中 1914 年「大正爆發」的火山灰埋沒了黑神神社的鳥居，熔岩將櫻島和大隅半島連接在一起。櫻島至今仍持續有小規模的爆發，在 2018 年就爆發了 277 次，不過有記錄以來爆發數量最多的一年是 2011 年，共爆發了 996 次！

居住在鹿兒島和櫻島的人世世代代和這座活火山和平相處，他們知道火山的脾氣，櫻島火山的爆發對他們的生活沒有特別影響，但遊客則可能會感到驚恐！

視當日的風向，櫻島的火山灰有時候會飄落在鹿兒島市區，一般來說夏天的情況會比較嚴重。鹿兒島縣政府會發給每個家庭「克灰袋」，意思是希望大家「一起克服火山灰」，各個家庭自行清理火山灰並放到附近的指定放置處。

火山灰的降落大概維持幾分鐘，最久也只有 10 分鐘左右，遇上火山灰飄落，撐傘就能如常在街上走動，愛乾淨的人可以在室內稍候片刻。火山灰為 2 毫米以下的微粒子，被噴到也不會痛，不過配戴隱形眼鏡的人要特別注意不要讓火山灰掉進眼中，如果擔心火山灰進入口鼻，不妨戴上口罩。大型的火山爆發是可以預測的，不會像地震一樣忽然發生，加上鹿兒島的防災機制非常完善，遊客不用過於擔心，至今為止，也沒有相關研究指出櫻島的降灰對人體有害，帶著對大自然的敬畏和驚歎，安心造訪櫻島吧！

黃色的「克灰袋」只能裝火山灰，不能拿來裝垃圾喔

鹿兒島美食
びしょく

◎本店

黑豬排亭 黒かつ亭本店

大啖肥美酥脆的薩摩黑豚炸豬排

黑豬排亭以炸豬排聞名，為了獲得最佳口感，廚師會根據不同部位的肉質和紋路來精心處理，顧客可以根據自己的口味選擇。例如背脊肉比較肥美多汁，里脊肉會相對清爽柔嫩，至於豬腿肉就適合喜歡嚼勁彈韌的人。如果不能作出取捨，不妨點選人氣菜單「黑豬排亭定食」(¥1,380)，一次品嘗里脊肉和背脊肉2種口味。

- 鹿兒島縣鹿兒島市中央町16-9
- 0992-85-2300
- 午餐11:00～15:30，晚餐17:00～22:30(最後下單時間22:00)，年末年初公休
- JR鹿兒島中央站東口步行約5分鐘
- www.kurokatutei.net

①晚餐時段門外總有長長的等候人龍，不愧是人氣餐廳／②上等炸背脊豬排定食(¥1,560)，搭配特製醬汁或鹽巴、高麗菜絲與白飯一起享用／③遊食豚彩Ichi-ni-san本店是一座和風建築，相當有氣氛／④豚野菜蒸套餐(¥980)，附黑豚味噌湯和飯

◎鹿兒島本店

遊食豚彩 Ichi-ni-san 遊食豚彩いちにいさん鹿児島本店

午餐限定！超划算的薩摩黑豚套餐

遊食豚彩 Ichi-ni-san 是鹿兒島其中一家最知名的薩摩黑豚料理店，市內4間分店之中，以「天文館分店」和「鹿兒島中央站分店」最受遊客歡迎，也因此常常大排長龍。距離鹿兒島中央站約10分鐘車程的本店反而因為交通不便，前來用餐的幾乎全是當地人。

薩摩黑豚有「黑鑽石」的美譽，是相當高級的肉品，想省點荷包又想嘗試一下高級的鹿兒島黑豬肉，不妨就來吃午餐吧。遊食豚彩 Ichi-ni-san 提供超過15款超值划算的午餐定食，例如人氣最高的黑豚野菜蒸套餐(¥980)、黑豚蓋飯(¥880)、黑豚涮涮鍋蕎麥麵套餐(¥1,000)以及上等的炸黑豚里肌肉套餐(¥1,350)等。

- 鹿兒島縣下荒田1-21-24
- 0992-85-8123
- 11:00～22:00(L.O.21:00)，午餐時段11:00～15:00，週日及假日11:00～21:30(L.O.21:00)
- JR鹿兒島中央站乘車約10分鐘
- ichiniisan.jp

◎天文館本店

拉麵我流風

ラーメン我流風天文館本店

絕品黑豚鹿兒島拉麵

昭和47年創立，這間位於天文館通的「我流風」是一家連當地人也推薦的人氣拉麵店！特製拉麵上放有高麗菜、青蔥、焦蒜片、烤海苔等豐富配料，使用自家製醬汁長時間慢火熬煮的黑豚叉燒肉入口即化；另外，分量稍大的炙燒黑豚拉麵附糖心蛋也相當推薦。

- 鹿兒島縣鹿兒島市東千石町14-3
- 0992-27-7588
- 週一～六11:00～23:30，週日11:00～21:00
- 鹿兒島市電「天文館通」步行1分鐘
- www.facebook.com/garufu.tenmonkan

①店內環境簡潔現代，有別於一般傳統拉麵店設計／②「特製拉麵」(¥810)用料豐富，加入大量油蔥的香濃湯頭讓人無法抗拒／③黑豚餃子(5個/¥380)，皮薄酥脆，內餡肉汁飽滿鮮美

◎天文館拱廊街店

鹿兒島拉麵豚 Toro

鹿児島ラーメン豚とろ天文館アーケード店

完美融化在嘴裏的豬頸肉叉燒

位於天文館商業街裡面，店門口以雲彩圖案為標誌，這間豚Toro是鹿兒島相當有名的拉麵店之一，不論是店鋪裡現做的熱騰騰拉麵，還是土產店販賣的半生拉麵包，都一樣人氣火熱！

這家店的拉麵最特別的地方是採用豬頸肉作為叉燒，每隻豬大概只有200～300公克的豬頸肉，非常稀有！燜煮至入口即化的叉燒搭配彈力十足的麵條，濃郁香醇的湯頭讓人想一口接一口地把湯喝完。

- 鹿兒島縣鹿兒島市東千石町11-15
- 0992-26-7755
- 10:30～21:00
- 鹿兒島市電「天文館通站」步行3分鐘
- www.tontoro-ramen.com

④位於天文館商業街裡面的鹿兒島拉麵豚Toro／⑤人氣第1位的半熟玉子豬頸肉拉麵(¥970)

Bell Street ベル通り

餐廳、居酒屋林立，熱鬧非凡的飲食街

Bell Street 毗鄰 JR 鹿兒島中央站東口南側，街名背後有著商店街民眾對和平的追求。成立於戰爭陰霾下的 1943 年，當時的 Bell Street 被命名為「和平社區協會」，提倡和平哲學。戰爭結束50年後，改名為「中央町鐘街協會」，以「和平鐘」為標記，延續和平主張。

時至今日，Bell Street 上雲集了超過20家料理店，以餐廳和居酒屋為主，也有酒吧和咖啡店，是一處深受當地人喜愛的時尚餐廳區。

1

2

- ✉ 鹿兒島縣鹿兒島市中央町24-25
- ☎ 0992-54-4402
- 🕒 各店鋪營業時間或不同
- ➡ JR鹿兒島中央站站步行1分鐘
- http belldori.com

薩摩旬彩餐廳悠庵

薩摩旬彩ダイニング悠庵

大啖鹿兒島地道美味

3

4

薩摩旬彩餐廳悠庵距離 JR 鹿兒島中央站不到 5 分鐘路程，位於鹿兒島絲綢飯店內。

餐廳嚴選鹿兒島道地的新鮮食材，包括鹿兒島黑豚、鹿兒島黑牛、魚類海產、蔬菜等，因應四季而製作出具季節感的時令和風料理。賣相豪華精緻的御膳晚餐，價格比起同類型的日式餐廳便宜，CP值相當高！

- ✉ 鹿兒島縣鹿兒島市上之園町19-30
- ☎ 0992-57-3155
- 🕒 午餐11:30～14:30(L.O.14:00)，晚餐17:30～21:30(L.O.21:00)
- ➡ 從JR鹿兒島中央站徒步約5分鐘
- http yu-ann.silk-inn.jp

①晚上的Bell Street好不熱鬧／②Bell Street的「和平鐘」標記／③網羅薩摩地區的海味，刺身御膳(¥2,500)／④肥美滿足的壽司御膳(¥2,500)

文化通
越晚越熱鬧的鹿兒島之夜

在天文館，不同的時間、不同的區域，氣氛也有點不一樣。白天的天文館是屬於購物逛街的，但傍晚時分開始，居酒屋、餐廳、酒吧和夜店等開始營業，這裡就會搖身一變成為鹿兒島市最熱鬧的美食街了。

特別是在文化通一帶，鑽進迂迴曲折的巷弄中，就能發掘最道地的薩摩美食和美酒。相比起天文館拱廊街裡面的食店，這裡走的是「成熟大人風」，在燈光璀璨的夜晚小酌一下，來感受鹿兒島越晚越熱鬧的氣氛吧！

✉ 鹿兒島縣鹿兒島市東千石町
☎ 0992-16-1327(鹿兒島市觀光課)
🕒 各店鋪營業時間或不同
➡ 鹿兒島路面電車「天文館」下車步行3分鐘
http www.tenmonkan.com/shopdb

①②居酒屋和餐廳林立的文化通

豆知識：由薩摩地區引發的「燒酎潮」

在以前，日本酒是直指清酒(さけ)，大概在 2003 ～ 2004 年期間，日本忽然捲起前所未有的燒酎潮，南九州道地的「本格燒酎」瞬間席捲全日本的酒吧。

源自九州和沖繩的燒酎，使用大麥、地瓜、蕎麥或稻米來發酵製成，是一種富當地風土民情並強調原料風味的蒸餾酒，例如熊本縣的主流是「米燒酎」，宮崎縣是「蕎麥燒酎」的產地，鹿兒島縣以「地瓜燒酎」聞名於世，縣內的燒酎品牌多得數不清，使用不同品種的地瓜，製作出來的風味也大大不同，含大量澱粉的地瓜品種「黃金千貫」是地瓜燒酎的原料龍頭。

燒酎的酒精濃度大約在 20 ～ 30 度左右，比起威士忌和伏特加等傳統蒸餾酒低很多；此外，燒酎的喝法多變，可以加冷熱水、冰塊或蘇打水等，稀釋後的燒酎也適合在用餐時享用。

這種強調原料風味的酒甚至衝擊傳統的清酒業，燒酎潮的興起讓更多的人開始喝酒精濃度稍高的酒，當中包括女性在內的飲用者，喝酒變成一門學問，而不再侷限一般傳統的刻板印象。

以鹿兒島縣產的地瓜為原料，並在縣內製作、裝瓶的燒酎才能稱為「薩摩燒酎」

鹿兒島 Susumuya 茶店

すすむ屋茶店鹿児島

重新發現鹿兒島茶的魅力

2012年創立，Susumuya 茶店的創辦人新原光太郎誕生於茶藝世家，他的祖父新原仁次郎被譽為是「鹿兒島茶之父」。日本茶會因為不同的產茶區域以及蒸煎過程的差異，產生不一樣的「個性」，店裡由採購茶葉到各款茶的沖泡方法都一絲不苟，嚴選鹿兒島縣最高級的茶葉，針對茶葉的特性沖泡，讓每款茶葉完全呈現其獨特性。

坐在這充滿禪意的簡約品茗空間，窗邊一角透入日光，享受此刻的寧靜致遠。

- 鹿兒島縣鹿兒島市上之園町27-13
- 0992-51-4141
- 10:00～18:00(L.O.17:45)，週三休息
- JR鹿兒島中央站步行大概8分鐘，或鹿兒島市電「都通站」步行1分鐘
- susumuya.com

①④午後的Susumuya茶店讓人駐足／②本日綠茶(¥360)，和菓子(¥150)／③⑤店裡陳列各款鹿兒島縣產的茶葉／⑥薩摩紅茶(¥460)

如何在家泡一杯日本茶？

這裡說的泡茶並不是強調「一期一會」、嚴格遵從禮儀的那種日式茶道，而是一般日本人在家沖泡的綠茶，不論是招待客人，還是搭配甜點享受悠閒的午後時光，簡單幾個步驟就能泡出一杯好喝的日本茶。

準備工具

1 茶壺

在以前，日本人的家裡一定會有幾個握把好拿的「急須壺」，可是急須壺必須先加溫才能使用，現在的人習慣使用方便的茶包，對於急須壺的需求已經開始下降。如沒有急須壺，使用一般茶壺亦可。

2 茶碗

茶碗的選擇很多，一般來說，煎茶使用薄碗，高級的玉露使用小型茶杯，焙茶使用質感粗糙的大碗……按照不同的茶葉搭配茶碗也是樂趣。

3 茶匙

茶匙除了方便把茶葉倒進茶壺，也是簡單衡量茶葉分量的工具，1茶匙的茶葉大約是1人分量，人多的時候按照這個比例準備茶葉量即可。

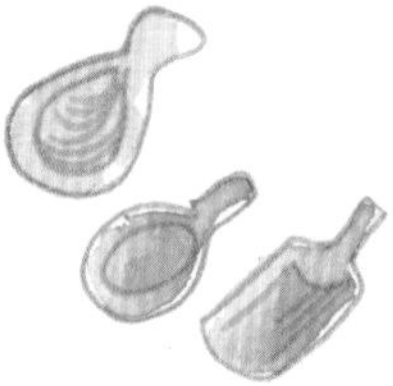

4 茶葉

最高級的日本綠茶為玉露，但產量最多並最受日本人喜愛的茶葉品種是煎茶，一般而言，越高級的茶葉使用的水溫越低。

5 湯冷

湯冷用以降低熱水的溫度，多在沖泡玉露和上等煎茶時使用。

泡茶步驟

Step 1 將茶葉倒進茶壺中。

Step 2 將沸水倒入茶碗，靜置1分鐘，讓開水降溫以及溫暖茶碗。

Step 3 把茶碗裡的水倒入茶壺，靜置1分鐘，等待茶葉展開並釋放香氣。

Step 4 直接把茶壺裡的茶全部倒入茶碗，最後一滴是整壺茶的精萃。

Step 5 一杯好喝的日本茶就完成了，茶葉最多可回泡2次。

豆知識 僅次於靜岡縣，全日本茶產量第2的茶鄉

說起日本茶，第一時間也許會想到京都宇治的抹茶，或是產量位居日本全國第1的靜岡茶，然而九州的日本茶品種也毫不遜色於這兩個日本茶名牌，包括福岡的「八女茶」，佐賀的「嬉野茶」，宮崎的「日向茶」等，當中鹿兒島縣的產量更僅次於靜岡縣，排行全國第2名，以「知覽茶」和「霧島茶」最為知名。

知覽地處氣候溫暖的區域，讓這區成為全日本最早出產新茶的產區，每年4月中旬就能品嘗到新茶，這裡以出產味道濃郁的深蒸煎茶為主。茶葉被採下後需以蒸氣加溫，這個過程稱為「蒸青」，普通煎茶的蒸青時間為20～30秒，而深蒸煎茶需約2分鐘，延長蒸青可以減少苦味，讓口感更圓潤醇厚。注意不要泡得過久，否則會釋出強烈的苦澀味。

至於霧島則以出產煎茶為主，這款占日本茶總產量70%的代表性茶葉擁有高雅的香氣，茶色呈淡綠色到黃色。霧島位處高山，時常被霧氣縈繞，涼爽的氣候條件加上受惠於火山地區的肥沃土壤，讓霧島茶的香氣及口感特別出色。

根據不同茶葉的特性使用不同溫度的熱水，就能輕易沖出一杯美味的茶，例如玉露使用50度左右的水即可，稍為高級的煎茶就以70～80度的水，一般煎茶建議水溫80～90度，焙茶和玄米茶需使用沸騰的100度熱水。

1

3

2

①茶農使用機器收割後的霧島茶園／②霧島茶(¥1,080)／③知覽茶(¥540)

CHIN JUKAN POTTERY 喫茶室

淡雅素淨的新派薩摩禪茶

薩摩燒是鹿兒島著名的代表性陶藝，釉面細緻的龜裂紋是其特徵，但傳統的薩摩燒價值不菲，特別是以象牙白質地呈現的白薩摩燒，素樸淡雅之餘不失高雅，在過去，大概只有藩主和貴族才會使用吧。

創立於2008年，CHIN JUKAN POTTERY開創了新派薩摩燒的潮流，讓這種本來只能遠觀的工藝品，更貼近一般民眾的日常生活，他們選址在鹿兒島縣歷史資料中心「黎明館」內，開了這家薩摩燒的商店和喫茶室。

喫茶室主要提供鹿兒島道地的鄉土菓子和各款茶飲，不妨坐在這淡雅素淨的喫茶室裡，一邊欣賞窗外的日式庭園，一邊細味一期一會的禪茶時光。

1

2

✉ 鹿兒島縣鹿兒島市城山町7-2(鹿兒島縣歷史資料中心「黎明館」內)

☎ 0992-95-3588

◷ 週一～六11:00～18:00(L.O.17:00)，週日及節假日10:00～18:00(L.O.17:00)，不定休

➡ JR鹿兒島中央站步行大概15分鐘，或鹿兒島市電在「水族館口」步行5分鐘，或乘搭觀光巴士在「薩摩義士碑前」下車即到

http chinjukanpottery.com

Goodday グッデイ

美食＋咖啡＋雜貨＝美好的一天

位於天文館電車路的Maruya gardens購物中心的7F，這家複合型的商店既有獨立服飾品牌，也有生活雜貨、天然護膚品等，還附設提供早餐、輕食和甜點等的咖啡廳。

店鋪就在購物中心屋頂的空中庭園側，取名「Goodday」是希望透過美味的食物、美好的事物、美麗的人們……各種的相遇建構美好的一天。

3

✉ 鹿兒島縣鹿兒島市吉野町9688-1

☎ 0992-25-6622

◷ 10:00～20:00(L.O.18:00)

➡ 鹿兒島市電「朝日通」或「いづろ通」下車即到

http www.instagram.com/goodday.maruyagardens

4

①CHIN JUKAN POTTERY喫茶室位於鹿兒島縣歷史資料中心「黎明館」內／②蕨餅(¥540)，附焙茶／③以溫暖木調和清水混凝土為主的店鋪陳設／④飯糰套餐(¥900)，附味噌湯和飲料

◎中央店

Backerei Danken

ベッカライダンケン中央店

麵包飄香的幸福滋味

Backerei Danken是深受鹿兒島居民喜愛的麵包店，全縣共有4家分店，部分分店也供應麵包以外的輕食套餐。

這家位於鹿兒島中央車站附近的分店，以新鮮烘焙的麵包為主，每天為顧客提供約140種美味又安心的麵包，巧克力捲、奶油蛋糕和奶油起司三明治是這家店的人氣麵包，使用自家製酵母製作的厚吐司也相當推薦。

1

2

- 鹿兒島縣鹿兒島市中央町16-5
- 0992-14-9550
- 08:00～18:00，週一公休
- 從JR鹿兒島中央站徒步5分鐘
- danken.jp

①若要馬上品嘗新鮮出爐的麵包，店裡也有舒適的用餐空間／②蝦堡(¥250)，羅勒起司麵包(¥146)，起司麵包(¥126)，黑咖啡(¥100)／③純白色的木造建築外觀讓星巴克鹿兒島仙巖園店別具高雅／④室內裝潢以溫暖的木調為主

◎鹿兒島仙巖園店

星巴克

スターバックスコーヒー鹿児島仙巌園店

島津家舊宅改建的特色咖啡店

有別於一般的咖啡連鎖店，日本的星巴克特色店鋪大多是由名建築師精心設計，或是改建自別具歷史價值的建築物。位於名勝「仙巖園」隔壁，這座純白色的木造建築是星巴克第3間利用「國家有形文化財」改建而成的分店，前身為「舊芹ケ野島津家金山礦業事業所」，現在入口處的屋簷上還留有島津家的家紋。

背山望海的星巴克鹿兒島仙巖園店，彷如遺世獨立的別墅，店內處處盡現細節，地板和桌椅均以杉木打造，點餐櫃檯下還刻有薩摩切子的紋路。部分座位更能遠眺櫻島美景，難怪會成為一眾星巴克迷的朝聖名單。

3

4

- 鹿兒島縣鹿兒島市吉野町9688-1
- 0992-48-6551
- 08:00～21:00，不定休
- 從JR鹿兒島中央站搭觀光巴士約30分鐘，在「仙巖園前」下車，步行5分鐘
- www.starbucks.co.jp

Patisserie Shiroyama

パティスリー城山

俯瞰鹿兒島市景的法式甜點店

1

Patisserie Shiroyama 位於鹿兒島城山飯店1F，糕點廚師堅持使用最優質的材料，精心手工製作每道法式甜點，而且價格沒有想像中不能高攀。

在天文館的山形屋和中央站也有 Patisserie Shiroyama 的甜點櫃檯，但只有在成山店，才能悠閒地坐在標高 108 公尺的咖啡廳沙龍中，像貴婦一樣品嘗精緻的法式甜點。

2

3

- 鹿兒島縣鹿兒島市新照院町41-1(鹿兒島城山飯店內)
- 0120-24-3205
- 10:00～21:00
- 在JR鹿兒島中央車站或者天文館設有免費接駁巴士往返
- www.shiroyama-g.co.jp(ショップパ>ティスリー城山)

①草莓蛋糕(¥460)／②草莓卡士達酥(¥480)／③栗子蒙布朗(¥480)／④Patisserie Shiroyama 附設咖啡廳沙龍

4

南洲神社境內茶屋

境内カフェ なんしゅう

來一杯「西鄉殿」拿鐵

7

這間茶屋有點「特別」！位於南洲神社境內，旁邊就是西鄉隆盛以及其他 2,023 名薩摩義士長眠的南洲墓地。不要錯過境內茶屋獨創的「西鄉拿鐵」，在咖啡拿鐵或抹茶拿鐵上灑上可愛的圖案，包括西鄉隆盛的卡通頭像、他的座右銘「敬天愛人」、櫻島剪影，或是西鄉隆盛的愛犬圖案等共5款圖案。

此外，店裡販賣很多西鄉隆盛相關的文創商品，有鑑於西鄉隆盛是一個愛狗之人，這裡更特別有為愛犬而設的御神籤。

5

6

- 鹿兒島縣鹿兒島市上龍尾町2-1
- 8020-37-6299
- 平日10:30～15:30，週末和假日10:30～16:30
- 乘搭觀光巴士在「南洲公園入口」下車，步行2分鐘
- www.instagram.com/keidaichaya_nanshu

⑤位於南洲神社境內的茶屋／⑥為愛犬而設的御神籤(¥100)／⑦西鄉抹茶拿鐵(¥450)

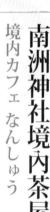

鹿兒島購物

買い物

鹿兒島中央站
鹿兒島購物觀光據點

鹿兒島中央站是九州新幹線的起迄站，以巨型摩天輪為標誌的車站不單是縣內的交通樞紐，也是鹿兒島其中一個購物觀光據點。

車站裡面有時尚衣飾、化妝品牌雲集的AMU PLAZA百貨公司、大型生活雜貨Tokyo Hands、台灣人最愛逛的日本電器行Bic Camera等，名產街「驛町1丁目」提供各式各樣的人氣薩摩名產和伴手禮，此外，還有豐富多樣的飲食店，以及擁有10個小劇場的電影院等休閒娛樂設施。

車站前有一座「薩摩青年留學生雕像」（若き薩摩の群像），紀念幕末時代19位薩摩藩出身的留學生，時值1865年，幕府還在實行鎖國令，禁止日本人出國，外國人也不得前來日本，然而這些薩摩藩青年冒死遠赴英國研修學問和技術，歸國後成為日本走向現代化的原動力。

①車站前有一座「薩摩青年留學生雕像」，紀念幕末時代薩摩出身的留學生／②鹿兒島中央站正對面的AEON永旺商城／③擁有90公尺高的巨型摩天輪是鹿兒島中央站的標誌

1

2

3

鹿兒島 AMU PLAZA

アミュプラザ鹿児島

鹿兒島中央站裡的時尚購物中心

連接鹿兒島中央站，鹿兒島 AMU PLAZA 是一座綜合購物百貨，位於大樓最頂層、可以一覽鹿兒島市區全景的巨型摩天輪，是整個車站的標誌性建築！

鹿兒島 AMU PLAZA 有多間能直接退稅的商店，為旅客提供最方便快捷的購物體驗。AMU PLAZA 分為 Premium building 和 Main building 兩部分，Premium building 的4～6樓為好逛好買的 Tokyu Hands，Main building 的地下1樓和5樓主要是飲食街，各種餐廳和料理店應有盡有。

✉ 鹿兒島縣鹿兒島市中央町1-1
☎ 0998-12-7700

⏲ 10:00～21:00，各店鋪營業時間各不同
➡ JR鹿兒島中央站即到
http www.amu-kagoshima.com

①茶包明信片(各¥500)／②「喜歡你的100個地方」本子(¥900)／③NEST COFFEE咖啡包(¥700)／④Tokyu Hands限定的SEGODON刺繡扣針(¥540)／⑤櫻島火山陶瓷筷箸(¥756)／⑥鹿兒島AMU PLAZA的Main building以流行服飾商店為主／⑦Premium building有足足3層都是Tokyu Hands

◎鹿兒島中央站店

BIC CAMERA ビックカメラ鹿兒島中央駅店

3C電器大採買

Bic Camera於全日本全國有多間分店，由於常常推出優惠券折扣，讓大家在大採買時省下不少金錢。3C電器以外，在這裡也能把藥妝、零食、運動品等一次買清，不愧為台灣人最愛逛的日本連鎖店之一！

鹿兒島縣鹿兒島市中央町1-1
0998-14-1111
10:00～21:00
連接JR鹿兒島中央站2樓
www.biccamera.co.jp (店舗情報トップ>店舗一覧>ビックカメラ鹿兒島中央駅店)

Bic Camera可以直接退稅，非常方便

驛町1丁目・土產橫丁

えきマチ1丁目・みやげ横丁

鹿兒島的名產在這裡都找得到

位於鹿兒島中央站的剪票口旁，驛町1丁目・土產橫丁雲集了30家以上的道地賣店鋪。

傳統薩摩和菓子輕羹或洋式地瓜小蛋糕，都是鹿兒島的人氣伴手禮。新鮮製造的輕羹沒有添加防腐劑，一般保存期只有幾天；使用鹿兒島有名的地瓜製作的小蛋糕，入口即溶的綿滑口感是其特色，其他還有使用黑豚做的加工品、薩摩燒酎、薩摩炸魚餅等的鹿兒島名產都能在此找到。

1

鹿兒島縣鹿兒島市中央町1-1-1
0992-59-3185
08:00～21:00，各店鋪營業時間各有不同
JR鹿兒島中央站2樓即到
www.ekimachi1.com/kagoshima

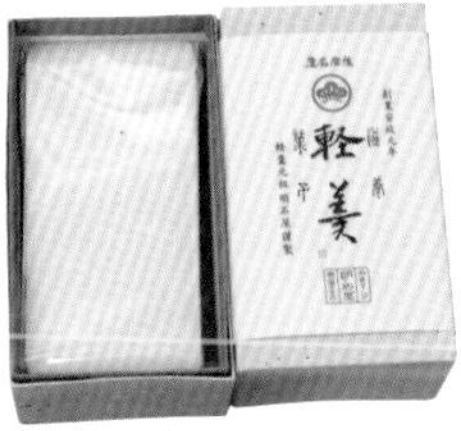
3

2

①屋久杉「令和」新年號電話繩(¥1,000)／②唐芋菓子專門店Festivalo小巧可愛的地瓜蛋糕／③明石屋輕羹(¥1,296)／④島津藩(¥1,980)／⑤篤姫の想ひ(¥1,500)／⑤明治維新(¥1,500)

6

5

4

一番街 いっど

古早味的拱廊商店街

這條拱廊商店街，前身是二次大戰結束後而蓬勃發展出來的早市，在當時，早市每天都擠滿了來自鹿兒島市內和其他縣市的購物者，讓這裡成為盛極一時的購物區。

經過數十年的發展，一番街也由小小的早市，變成長約406公尺的購物街，裡面有各式各樣的餐廳、服飾店、古董店、日用品店、土產店等等。如今在鹿兒島中央站新增了很多現代化的大樓，但滿載歷史感和人情味的購物街也相當值得一逛。

- 鹿兒島縣鹿兒島市中央町25-1
- 0992-59-0177
- 各店鋪營業時間不同
- 鹿兒島中央站東口步行約1分鐘
- www.c-itibangai-iddo.jp

①②逛一下老派的購物街，感受最道地的生活／③鹿兒島手帕(¥648)／④手繪插畫布袋(¥972～¥1,296)／⑤⑥BARIPA名下Kagomania系列精品被評選為「鹿兒島10大必買手信」之一

2

1

BARIPA

鹿兒島道地潮牌

開業至今近24年，BARIPA是鹿兒島的潮流人氣指標！店主兼設計師脇素行先生是土生土長的鹿兒島人，他將對家鄉的熱愛傾注在一系列以鹿兒島為主題的服飾及精品上，將西鄉隆盛、薩摩燒酎及名勝櫻島火山等鹿兒島名物，化作富個性的可愛手繪插圖，其中一款T-Shirt被NHK大河劇《西鄉殿》主角鈴木亮平穿著後，人氣頓時大漲！

- 鹿兒島縣鹿兒島市西田2-10-13 レヴォーチェビル1F
- 0992-27-6111
- 10:00～19:00；週三公休
- 鹿兒島中央車站西口步行大概5分鐘
- www.instagram.com/baripa

3

5

4

6

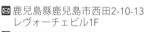

天文館
南九州最繁華購物區

天文館是鹿兒島縣內最大的商圈，也是南九州最繁華的購物區之一，但為什麼這樣一個購物區會被命名為「天文館」呢？原來這裡以前還真的有一所如假包換的「天文館」。

1779年，薩摩第8代藩主島津重豪，於此設立了一所名為「明時館」（別名天文館）的天文觀測所，館內有4座高4公尺的觀測台，如今的天文館雖然已經沒有觀測星象的地方，但「天文館」這名字卻被一直沿用下來。

乘搭鹿兒島市電在「天文館」下車即達，這裡店鋪林立，雲集購物、消閒娛樂、餐廳等設施，流行服飾店、禮品店、鄉土料理店、咖啡店、雜貨店，連高檔國際品牌也能在此找到。順帶一提，天文館的拱形頂棚除了有遮蔽日光之用，也能阻擋櫻島的火山灰降落。

①走在天文館的拱廊，不時會發現地面上有關於星象的圖案／②③鹿兒島市人潮最多最熱鬧的繁華購物區

菓菓子橫丁 菓々子横丁

品嘗傳統的薩摩和菓子

菓菓子橫丁是鹿兒島知名和菓子伴手禮店——「薩摩蒸氣屋」在天文館本通的專門店，和其他分店不一樣的是，菓菓子橫丁裡面是一條長約50公尺的小街，兩旁懷舊的木造建築賣場販賣各種和菓子以及洋菓子，在中央廣場還有一個室內的流水庭園。

想要坐下來慢慢享用甜點的話，可以到2樓的茶房珈花子，一面聆聽流水聲，一面品嘗各種人氣糕點。

🖂 鹿兒島縣鹿兒島市千石町13-14
☎ 0992-22-0648
🕘 1F賣場08:30～21:00；2F茶房10:00～20:00(L.O.19:30)
➡ 鹿兒島市電「天文館」下車步行3分鐘
http www.jokiya.co.jp

①薩摩蒸氣屋是鹿兒島的老牌和菓子店／②菓菓子橫丁中央廣場的流水庭園／③分量減半的迷你白熊刨冰(¥420)，有點看不出是白熊／④由左至右：銅鑼殿(¥108)，山藥饅頭(¥119)，卡士達山藥糕(¥108)，薩摩鄉土菓子「春駒」(¥108)／⑤銅鑼殿／⑥卡士達山藥糕及山藥饅頭

◎鹿兒島店

山形屋

鹿兒島最具代表性的老牌百貨店

創立於1751年的山形屋是鹿兒島歷史最悠久，同時也是最具代表性的老牌百貨店，古典優雅的外觀讓它有別於天文館其他的商店。

這裡蒐羅了各個高檔奢華的國際時裝和化妝品品牌，地下1樓販賣道地的鹿兒島土產和薩摩工藝品等。1號館7樓有一家1916年就開業的「山形屋食堂」，被暱稱為「百年食堂」。

鹿兒島縣鹿兒島市金生町3-1
0992-27-6111
10:00～19:30，1/1公休
鹿兒島市電「朝日通」或「いづろ通」下車即到
www.yamakataya.co.jp

①②擁有接近270年歷史的老牌百貨店／③深受鹿兒島縣民喜愛的「山形屋食堂」

Maruya gardens マルヤガーデンズ

鬧區中的綠色庭園

Maruya gardens位於天文館的電車路上，這裡原是一家擁有50年歷史的老舊商業設施，經過綠化工程和內部改建之後，搖身一變成為時尚年輕的商場，爬滿綠色蔓藤植物的建築外表充滿活力！

比起同區的購物商場，Maruya gardens網羅很多有質感的獨立服裝品牌，3樓全層是生活雜貨店LOFT，亦有書店、花店、咖啡店等，7樓設有小型電影院及屋頂空中庭園，為客人提供舒適的休息場所。

- 鹿兒島縣鹿兒島市吳服町6-5
- 0998-13-8108
- 10:00～20:00，不定休，各店鋪營業時間不同
- 鹿兒島市電「朝日通」或「いづろ通」下車即到
- www.maruya-gardens.com

①爬滿綠色蔓藤植物的建築外表非常獨特／②Maruya gardens的店鋪都走時尚年輕路線

MAKINO まきの

南九州最大的手作材料店

創業超過90年，這間位於天文館拱廊內的大型手作材料店MAKINO，主要銷售手工藝品、縫紉工具、針織紗線、布料、皮革料和配件等商品。店內的布料有從京都、東京等地運來，也有來自北歐的印花布料。手作愛好者除了來此採購物資，也不要錯過店鋪定期舉辦的工作坊。

- 鹿兒島縣鹿兒島市東千石町15-10
- 0992-26-3551
- 週一至六10:00～19:00，週日10:30～19:00
- 鹿兒島市電「天文館」下車步行約5分鐘
- www.makino-hobby.com

所有與手作相關的用品都能在MAKINO找到

鹿兒島住宿
しゅくはく

鹿兒島城山飯店
城山ホテル鹿児島
雄踞城山之巔，首屈一指的旅宿

1963年開業，雄踞在城山之巔的鹿兒島城山飯店，至今依然是鹿兒島最具代表性的頂尖旅館之一。館內多處可無阻擋地眺望櫻島以及錦江灣，伴隨周邊四季變幻的景觀，美不勝收！

房間裝潢以典雅的歐洲風格為主，牆上懸掛著油畫作品，每個角落都滲透著歷史感。此外，飯店的展望露天溫泉「薩摩之湯」位於標高108公尺處的高台上，源自地下1千公尺湧出的天然溫泉，一邊泡在「美人湯」中一邊欣賞櫻島和鹿兒島市街的美景。

鹿兒島城山飯店的自助早餐連續5年被TripAdvisor評為九州地區第1名，每天早上可以享用多達80種日式和西式料理，除了道地的鹿兒島美食，也有飯店自製的薩摩揚炸魚餅和新鮮出爐的麵包。說到自助早餐的王牌就是「真鯛潮茶漬」，魚肉油亮的脂肪加上彈力十足的口感，不愧是人氣最高的自助早餐！

- 鹿兒島縣鹿兒島市新照院町41-1
- 0992-24-2211
- 單人房¥13,000起，女士懷舊風格雙床房¥23,000起，標準大床房¥23,000起，高級大床房(櫻島景觀)¥39,000起，4人家庭房¥35,000起
- 在JR鹿兒島中央車站或者天文館設有免費接駁巴士往返
- www.shiroyama-g.co.jp

2

3

4

1

①從房間窗口就能欣賞櫻島以及錦江灣的景觀／②透著甘甜鮮味的「真鯛潮茶漬」／③華麗優雅的洋式房間／④開業超過半世紀的鹿兒島城山飯店

雷姆鹿兒島 レム鹿児島

時尚舒適的鬧區設計飯店

雷姆鹿兒島飯店擁有絕佳的地理位置和生活機能。位於鹿兒島市最熱鬧的購物區天文館側，黑灰色調的建築物外牆，加上粗獷岩石風的電梯大堂，時尚俐落的設計令人印象深刻。

飯店共有251間客房，為了確保住客每晚都能享有香甜的睡眠，房間除了配備高密度的舒適床鋪外，還有一張直立式背部按摩椅，舒緩旅人的疲憊。

雷姆鹿兒島飯店不單鄰近機場巴士站和路面電車站，距離天文館通、唐吉軻德、山形屋等購物熱點也僅一步之遙，附近一帶更是餐廳林立，加上新穎時尚的裝潢風格，絕對是購物悠閒的住宿之選。

- 鹿兒島縣鹿兒島市東千石町1-32
- 0992-24-0606
- 單人房¥5,000起，雙人房¥6,000起
- 鹿兒島市電「天文館通」徒步約1分鐘
- www.hankyu-hotel.com/hotel/remm/kagoshima

1

2

Hotel MyStays 鹿兒島天文館 ホテルマイステイズ鹿児島天文館

全新裝潢、性價比超高的連鎖飯店

經常到日本旅遊的人應該對 Hotel MyStays 這個品牌不陌生，在全日本24個城市擁有86間飯店，憑著高品質的設施讓它成為旅客們遊日住宿的首選之一。

2018年春季開幕的 Hotel MyStays 鹿兒島天文館，靠近繁華熱鬧的天文館商圈，飯店大廳更能直通便利商店，方便又快速。

- 鹿兒島縣鹿兒島市山之口町2-7
- 0992-24-3211
- 標準小雙人單床房¥4,968起，標準三人房¥8,800起
- 鹿兒島市電「高見馬場」徒步約2分鐘
- www.mystays.com/hotel-mystays-kagoshima-tenmonkan-kagoshima

3

4

①飯店走黑灰色調的俐落路線，高層房間還能眺望鹿兒島市和櫻島的景色／②電梯大堂以大片的岩石堆砌而成，風格相當豪邁／③這家飯店位於天文館外圍，是旺中取靜的住宿之選／④客房以溫暖的大地色系為主

鹿兒島東急REI飯店

鹿兒島東急REIホテル

交通便捷的住宿選擇

鹿兒島東急REI飯店位於甲突川河畔側，面向河景的房間，在春天就能看到河畔旁櫻花滿開的景象。

毗鄰高見橋電車站，距離JR鹿兒島中央車站跟機場巴士站也不過約5分鐘路程，交通相當方便。飯店旁邊就是屋台村，附近也有多家便利商店和大型超市，生活機能滿分。

- 鹿兒島縣鹿兒島市中央町5-1
- 0992-56-0109
- 標準單人房¥5,000起，標準雙人房¥6,500起
- 從JR鹿兒島中央站步行約5分鐘，或鹿兒島市電「高見橋」站即到
- www.tokyuhotels.co.jp/kagoshima-r

鹿兒島絲綢旅館

シルクイン鹿兒島

商務旅館也有源泉掛流的天然溫泉

從鹿兒島中央站步行5分鐘就可抵達，鹿兒島絲綢旅館雖是商務旅館，卻罕見地擁有源泉掛流的天然溫泉大浴場，抽取自地底700公尺湧出的「美人湯」，pH 8.2的弱鹼性鹽化物泉能讓皮膚擁有絲綢般的柔滑觸感。此外，女性住客還能享受期間限定的玫瑰浴。

- 鹿兒島縣鹿兒島市上之園町19-30
- 0992-58-1221
- 標準單人房¥5,800起，標準雙人房¥8,700起
- JR鹿兒島中央站步行約5分鐘
- www.silk-inn.jp

①飯店入口位於大馬路上，不需要擔心迷路的問題／②房間比一般的日本商務旅館稍微寬敞／③房間為典型的商務旅館格局／④鹿兒島絲綢旅館擁有天然溫泉大浴場

鹿兒島精選名湯

指宿溫泉、霧島溫泉

鹿児島の名湯巡り
指宿温泉・霧島温泉

指宿温泉

ibusuki

指宿位於整個九州的最南端，溫暖的氣候讓這地區有「日本夏威夷」之稱。除了以罕有的天然砂蒸溫泉聞名外，開聞岳、池田湖以及初春限定的大片油菜花田，也是指宿限定的自然景觀。

由鹿兒島中央站前往指宿站，推薦乘搭JR九州的特快列車「指宿之玉手箱」，車程約50分鐘。不過區內的路線巴士班次很少，不妨考慮使用定期觀光巴士或自駕。

觀光查詢

指宿觀光課

www.ibusuki.or.jp

特輯

暖呼呼砂蒸溫泉

體驗世界唯一的天然桑拿

指宿市內遍布大約800個泉源，不過比起一般的溫泉鄉，這裡最大的賣點就是世界罕有的天然砂蒸溫泉（砂むし温泉），穿著浴衣被埋在高溫的鐵黑色砂堆裡，就能改善神經痛、風濕、腰痛、關節痛、手腳冰冷等症狀，溫泉的熱度及砂子的重量更可達到促進新陳代謝、血液循環等排毒功效。據鹿兒島大學的調查研究，砂蒸溫泉的功效比起一般溫泉還要高出3～4倍呢！

天然砂浴溫泉的構造

砂浴場通常位於海邊，雖然海邊沒有溫泉，但在後方的山坡地底有幾處超過90度高溫的泉源，地下熱泉順著地勢緩緩流向海邊，把岸邊的砂子加熱成大約55度的高溫砂土。

將身體埋入砂土中，就能以熱氣和壓力達到促進血液循環的目的。由於這種「泡」砂蒸溫泉的方法非常特別，相當受遊客歡迎。

豆知識

砂蒸注意事項

1. 懷孕或是生理期間的女性不能砂蒸。
2. 患有心臟病和高血壓的人應避免砂蒸。
3. 如果真的太害羞，也可以在浴衣裡面穿上一次性的紙內褲。
4. 砂蒸期間感到太熱燙或不舒服，請馬上撥開砂子並通知現場的服務員。

岸邊的高溫砂土一直在冒煙

第一次砂蒸就上手

「被埋在砂堆裡到底是怎麼一回事？」首次嘗試砂蒸溫泉可能會有點不安，但只要按照以下的入浴指南就能輕鬆享受獨一無二的天然桑拿。

Step 1 前往服務櫃檯購票並領取浴衣。

注：進行砂蒸時會以毛巾遮擋頭部，砂蒸後需要清洗身體，如果不想額外花錢租借，請先自行準備，也可以在櫃檯租借浴巾以及毛巾。

Step 2 到更衣室脫掉所有衣服，然後披上浴衣，並穿上店裡準備的海灘涼鞋前往海邊的砂蒸場，要特別注意步姿，免得浴衣不小心被海風掀起。

Step 3 抵達砂蒸場後，把包裹頭部的毛巾交給服務員，並仰躺在指定的砂坑裡。想要拍照留念可在這時候把相機交給現場的服務員，他們會幫你拍照。

Step 4 服務員會以鐵鏟慢慢將砂土覆蓋全身，僅露出頭部。砂蒸的時間一般建議10～15分鐘內，高溫加上砂子的重量，躺下一會就能感受到全身在冒汗。

Step 5 離開砂堆時，不要一鼓作氣地爬起來，要先用手弄散身上的砂子，再慢慢爬起來。砂子的重量比想像中還要重，一不小心或會讓腰部受傷。

Step 6 到達室內大浴場區，請先脫去浴衣並把身上的砂沖洗清潔，及後就可以進去享受天然溫泉。最後換回本來的衣服後好好休息。

Step 7 結束後記得補充水分。

砂蒸會館「砂樂」

砂むし会館「砂樂」

感受大汗淋漓的暢快感

砂蒸會館「砂樂」可以說是指宿最具代表性的砂蒸溫泉，由JR指宿站乘搭巴士過去只需5分鐘，砂蒸場占地面積相當廣，足夠同時容納大約200位客人！由於交通方便、規模龐大，館內的指示清晰易明，就算第一次光顧也能安心享受這種特別的溫泉體驗，館內的客人絡繹不絕，深受各國遊客歡迎。

抵達後先在服務櫃檯購票並領取浴衣，在更衣室換好衣服後就可以徒步前往海邊的砂蒸場，由於砂蒸場和更衣室有一小段距離，步行時要特別注意步姿。視天氣狀況，退潮的時候直接在海岸進行，服務員會貼心地為顧客撐起一把傘遮擋陽光，其他大部分時間則在遮雨棚裡面砂蒸。門票含砂蒸及溫泉，在砂蒸結束後就可以直接去館內的大浴場，再次享受天然溫泉的療癒力。

- 鹿兒島縣指宿市湯之濱5-25-18
- 0993-23-3900
- 08:30～21:00(20:30最後進場)，無休
- 砂蒸及溫泉共通票：成人¥1,080，兒童¥590
- JR指宿站乘搭往「山川栈橋」的巴士約5分鍾，在「砂むし会館前」下車
- 1小時
- sa-raku.sakura.ne.jp

2

1

3

①②由JR指宿站乘車前來大概5分鐘路程／③一邊聽著海浪聲，一邊體驗砂蒸

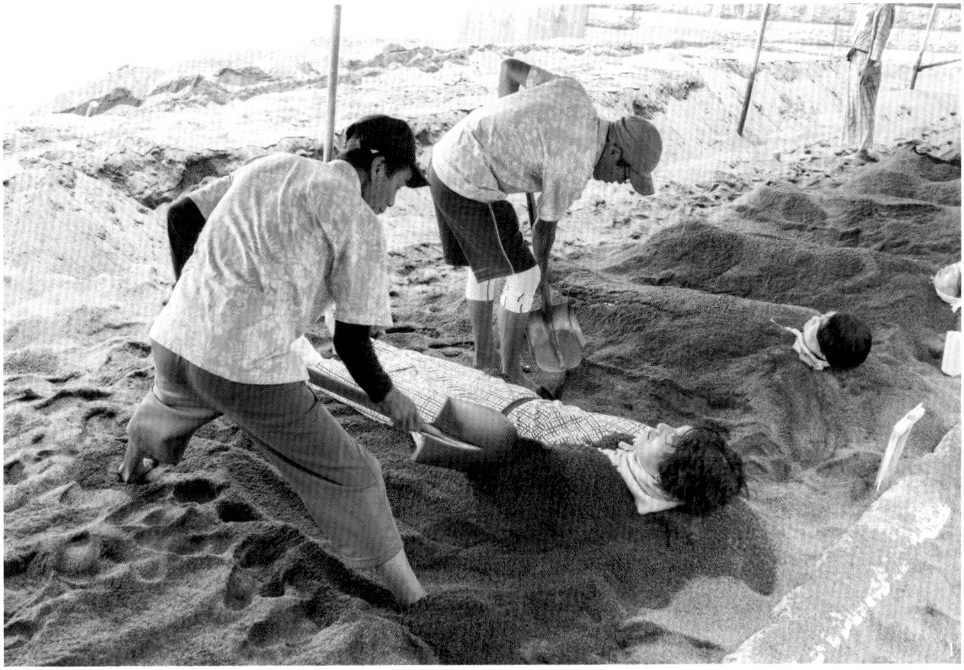

山川砂蒸溫泉「砂湯里」

砂むし温泉「砂湯里」

盡享開豁景觀的隱世砂蒸溫泉

一般的觀光客想要嘗試砂蒸溫泉的話，大多會選擇前往交通方便的砂蒸會館「砂樂」，至於內行人就會到這個距離指宿車站大概30分鐘路程的山川砂蒸溫泉「砂湯里」。

「砂湯里」的砂蒸棚設於面向海邊的岸上，周遭被大自然絕景所圍繞，背後是高聳的斷崖絕壁，眼前是一望無盡的大海和遠方被稱為「薩摩富士」的開聞岳，天氣晴朗時還能眺望到屋久島呢！

2

- 鹿兒島縣指宿市山川福元3339-3
- 0933-35-2669
- 9～6月09:00～17:30(17:00最後進場)，7～8月09:00～18:00(17:30最後進場)，全年無休
- 成人¥820，兒童¥460
- 在JR指宿站乘搭鹿兒島交通的巴士在「ヘルシーランド入口」下車，再徒步到「たまて箱温泉」停車場，並在該處乘搭免費穿梭巴士前往「砂湯里」
- 1小時
- ppp.seika-spc.co.jp/healthy

①一閉上眼睛就可以聽見海浪聲／②「砂湯里」門口有販賣利用溫泉蒸氣蒸煮的雞蛋(¥50／1個)

池田湖

夢幻黃金花海！早春的油菜花田

位於薩摩半島東南部的池田湖是九州最大的湖泊，周長15公里，水深達233公尺，是開聞岳火山爆發後形成的火山湖。

指宿位於鹿兒島縣最南端，年間平均氣溫約19度，受惠於南方的溫暖氣候，指宿的油菜花是全日本最早開花的，每年12月底～2月到來就能欣賞一大片夢幻黃金花海，其中又以池田湖的油菜花田最為有名。湛藍的湖面倒映著有「薩摩富士」美名的開聞岳，加上湖畔的油菜花田，美不勝收！

油菜花的最佳花期在1月上旬至中旬，這個時候也是一年一度「指宿油菜花馬拉松」的舉辦日期，固定在每年1月第2個週日舉行的全程馬拉松比賽，路線沿途是綻放的油菜花田，更有大量美食源源不絕地提供，小心跑著跑著就吃撐了！

- 鹿兒島縣指宿市池田中濱
- 0993-22-2111(指宿市觀光課)
- 全年開放
- 免費
- JR指宿站乘坐巴士在「池田湖」下車即到，車程約30分鐘
- 0.5小時
- www.ibusuki.or.jp(観光>観る>池田湖～いけだこ～)

觀光案內所 **伊西水怪**

池田湖水怪出沒注意

自1961年起，池田湖水怪的傳言開始流傳。人們參考英國尼斯湖的不明生物「尼斯」(Nessie)的名字，把池田湖的水怪命名為「伊西」(Issie)。

1978年9月3日，指宿市池崎地區約20名居民集體目擊了伊西，經報道後轟動全國；之後在1991年1月4日，一名目擊者更拍下一段伊西的影片，片段中的伊西呈黑色、長約9公尺。有人猜測伊西只是巨大的鱸鰻，但這個說法很快被否定，水怪之說至今仍然不明，不過伊西的確讓池田湖聲名大噪，湖畔周邊的特產店有許多和水怪相關的商品。

①②金黃的油菜花花海是指宿早春限定的風景／③池田湖是九州最大的湖泊／④傳說中的神秘水怪伊西

JR西大山站

日本最南端的JR無人車站

日本最南端的西大山站位於鹿兒島縣指宿枕崎線，站在月台就能遙望遠方的開聞岳，搭配周邊的田園風景，小小的車站總是擠滿了遊客，好不熱鬧！

車站旁邊的「中園久太郎商店」兼任觀光案內所，特地來此，不妨在此購買印有日期的「JR日本最南端車站到達證明書証」或是明信片留為紀念。此外，店裡也有販賣指宿的物產和伴手禮，更設有食堂，提供咖哩飯和烏龍麵等簡餐，每年夏天還有期間限定的芒果冰淇淋！

1

2

- 鹿兒島縣指宿市山川大山602
- 0993-22-2111(指宿市觀光課)
- 全年開放
- JR指宿站乘搭指宿枕崎線約17分鐘
- 0.5小時
- www.ibusuki.or.jp(光> る>JR西大山駅)

開聞岳

挑戰日本百名山之一的「薩摩富士」

標高924公尺的開聞岳是日本最南端的山岳，也是唯一海拔沒超過1千公尺的「日本百名山」。圓錐形的山體與富士山類似，故有「薩摩富士」的美譽。由於開聞岳旁邊並無其他山岳，攀上山頂就能360度無阻擋地俯瞰池田湖、指宿地區，以及遠方鹿兒島市的景色。

開聞岳只有1條主要的登山道，往來攀爬需要5.5小時以上，由接近0公尺海拔登山，後爬升高度到900公尺以上，高低落差加上步道沒什麼人工設施，近山頂位置更有較斜的梯級和岩石，登山初心者要量力而為。

3

4

①標示「日本最南端車站」的柱子跟後面的開聞岳構成最具代表性的風景／②據說透過西大山站旁邊的黃色郵筒寄出郵件，收件者就會得到幸福／③由鏡池遙望開聞岳／④登山證書可以在這家山腳的商店買到

- 鹿兒島縣指宿市開聞十町
- 0993-32-5566
- 全年開放
- 免費
- 從指宿或鹿兒島市乘JR到「開聞站」，再步行20分鐘至登山口；或於JR指宿站駕車前往，需時約30分鐘
- 6小時
- www.kagoshima-kankou.com(光スポット>開聞岳)

釜蓋神社

把釜蓋頂在頭上的特別祈願方式

座落在開聞岳的海角一端，這座釜蓋神社供奉著日本神話中的武神素戔嗚尊（須佐之男命），祂是天照大神的弟弟，因激怒了天照大神後被逐出高天原，後來在出雲國斬殺了八岐大蛇，而成為了英雄。

由於素戔嗚尊是掌管勝負之神，因此有很多運動員和明星都喜歡前來釜蓋神社參拜。這裡有一個獨特的祈願方式，傳說若能順利以頭頂木做的釜蓋從鳥居走到正殿前，就能夠開運厄除喔！

- 鹿兒島縣南九州市穎娃町別府6827
- 0993-38-2127
- 全年開放
- 免費
- 從JR穎娃大川站步行10分鐘
- 0.5小時
- www.kagoshima-kankou.com(光スポット>射楯兵主神社(釜蓋神社))

1

2

信州庵

品嘗指宿的地元美味

昭和33年（1958）年創業的信州庵，以純手打蕎麥麵和薩摩料理為招牌，也備有各款採用當季時令食材烹調的會席套餐。餐廳占地面積相當廣，除了一般客人的用餐區域外，也提供不同規模的包廂，讓客人舒適地享受隱密的美食時光。

店家每天新鮮製作自傲的手打蕎麥麵，會因應當下的濕度和溫度調整水分，就是這種一絲不苟的堅持，才能讓顧客品嘗到蕎麥麵真正的風味。

- 鹿兒島縣指宿市西方4393-1
- 0993-22-3883
- 11:00～15:00(L.O.14:30)，18:00～22:00(L.O.21:30)，無休
- 從JR宮ヶ浜站駕車前往，需時約3分鐘
- www.shinshuan.com

3

4

①朱紅色神社正殿座落在海邊／②釜蓋神社也備有供2人使用的大釜蓋／③信州庵是一座古色古香的和風建築／④純手打蕎麥麵(¥470)

彩花菜館公路休息站

道の駅いぶすき彩花菜館

兜風小歇的人氣休息站

彩花菜館是自駕遊旅客兜風小歇的好去處！1樓主要販售當地的新鮮食材，不論是蔬菜、水果、海鮮、醃漬醬菜，還是鹿兒島的燒酒和土產都能在此找到，2樓設有咖啡店和餐廳。

位於休息站旁的觀景台上還有2個特別的郵筒，1個是粉紅色的愛心郵筒，另一個是粉綠色的四葉草郵筒，還有一個深受日本情侶喜愛的「Pomai kai鐘」，Pomai kai是夏威夷語，用以表達幸福、恩典和祝福的詞語，據說敲一下是「健康」，敲兩下是「戀愛成就」，敲三下就代表「願望達成」。

1

- 鹿兒島縣指宿市小牧52-4
- 0993-27-9022
- 10～3月08:30～18:00，4～9月08:30～18:30，全年無休
- JR指宿站乘車前往，需時大概20分鐘
- 0.5小時
- ibusuki-sakanakan.com

5

6

7

4

3

2

①指宿溫泉汽水(¥260)／②指宿溫泉保濕噴霧(¥1,280)／③SUB SOUP茶節(¥190)，指宿的名物茶香柴魚味噌湯／④枇杷果醬(¥540)／⑤⑥觀景台上的特別郵筒／⑦來敲響Pomai kai鐘祈求幸福吧／⑧⑨前來休息站旁的觀景台就能飽覽鹿兒島灣的遼闊美景

9

8

市場食堂鶴之港 市場食堂鶴の港

在地人的食堂，限量新鮮生魚片

這家位於山川港道路休息站內的市場食堂鶴之港，是備受在地人喜愛的小食堂，得天獨厚地毗鄰漁港旁，因此每天都能提供各種以新鮮現撈的時令海鮮製作的料理。

山川港地處薩摩半島的最南端，這個地區以鰹魚的漁獲量之多而聞名，每日只提供20份的酥炸鰹魚定食，更是老饕鎖定的目標，外層炸得香脆、裡面保留軟嫩細緻的魚肉口感，甘甜又飽足的美味讓人欲罷不能。

不過，市場食堂鶴之港的營業時間只有4小時，想要大啖新鮮的魚類料理，記得要提早！

鹿兒島縣指宿市山川金生町1-10
0993-27-6507
11:00～15:00，每月第3個週三休息
在JR指宿站乘搭鹿兒島交通往山川棧橋方向的巴士在「活お海道」下車，需時約13分鐘
io-kaido.com

二月田温泉殿樣湯

保留薩摩藩主溫泉行館風韻的大眾浴場

位於指宿枕崎線二月田站附近的二月田溫泉，是幕府時代薩摩藩主泡溫泉的地方。

1831年，第10代薩摩藩主島津齊興在此地設置溫泉行館。到了昭和時代，被改建為大眾浴場，除了偶爾有慕名而來的遊客之外，這裡主要是當地人常來使用的大浴場。

殿樣湯現為指宿市的指定文化財產，泡湯處前方有歷代薩摩藩主姓名的看板，浴場裡面完整保留了昔日的石浴缸，浴池上則有島津家的「丸十字」紋章，因長期浸泡在高達52度的鹽化物泉泉裡，氧化了的石浴缸更具歷史感。

①市場食堂鶴之港位於山川港道路休息站內／②酥炸鰹魚定食(¥1,000)／③泡湯處門口刻有歷代薩摩藩主姓名的看板／④據説能改善貧血和便祕的飲用溫泉

鹿兒島縣指宿市西方1408 27
0993-22-2827
07:00～21:00，週五及節假日公休
大人¥300，兒童¥110
JR二月田站徒步10分鐘
0.5小時
www.ibusuki.or.jp(温泉>公衆浴場>殿樣湯)

指宿溫泉住宿

しゅくはく

指宿溫泉小蘭之湯錦江樓

指宿温泉こらんの湯錦江

享受優雅時尚的熱帶氛圍

相比指宿地區的熱門大型溫泉飯店，指宿溫泉小蘭之湯錦江樓顯得相對低調，5層樓高的建築物遺世獨立地豎立在濱海馬路邊，周遭被各種熱帶植物包圍，雖然距離JR指宿站有點距離，但這家溫泉旅館憑著優秀的溫泉泉源，一直備受當地人喜愛，入住的客人也以日本人為主。

旅館設有展望大浴場和位於1樓庭園內的露天風呂，具有天然保濕成分的泉源，被譽為皮膚的化妝水。展望大浴場設於頂樓，一邊泡湯一邊欣賞180度的海景，日落或日出時分的景致更是美不勝收！

鹿兒島縣指宿市西方4507
0993-22-3377
一泊二食(2人1室每人) 和室6疊¥12,955起，附露天風呂和室¥19,270起，洋式雙床房¥13,700起
從JR鹿兒島中央站搭乘開往指宿或山川方向的列車，在「宮ケ浜」下車後，徒步前往約10分鐘；或預約旅館的接送服務
www.kinkouroh.co.jp

窗外就是一望無際的錦江灣美景

指宿秀水園

いぶすき秀水園

以高人氣豪華料理而聞名的溫泉旅館

日本權威旅行網站旅行新聞新社曾主辦「達人嚴選日本飯店·旅館100選」，這間張館以高人氣的姿態蟬聯34年料理部門的第一位！

枯山水庭園、白木格子窗，踏入指宿秀水園大門之際，就能感受濃濃的高雅和風氣息，享受高人氣的時令料理，同時也來個奢華的溫泉住宿之旅如何？旅館在庭園裡更特別提供「砂足湯」，將腳放入溫暖的熱砂中就能放鬆身心，是其他地方體驗不到的足湯呢！

鹿兒島縣指宿市湯之濱5-27-27
0993-23-4141
一泊二食(2人1室每人) 島津の棟和室10疊¥23,760起，秀水和洋室16疊附日式庭園¥34,560起
JR指宿站搭乘開往山川棧橋的巴士約7分鐘，在砂蒸會館「砂樂」前下車，徒步約4分鐘；或預約旅館接駁公車
www.syusuien.co.jp

以料理而聞名的指宿秀水園

霧島温泉

kirishima

傳說很久以前，眾神由天界往下看到的霧島地區就像一座煙霧瀰漫的海上島嶼，其漂浮的型態就是「霧島」得名的由來。受惠於頻繁的火山活動，霧島是南九州的溫泉勝地，多樣化的溫泉療效正正是霧島溫泉鄉的魅力！

霧島的景點相距遙遠，加上路線巴士班次很少，比較建議自駕遊。

觀光查詢

霧島市觀光協會

kirishimakankou.com

特輯

龍馬與阿龍的霧島之旅

日本最初的蜜月旅行

他以一介脫藩浪士的身分，在風起雲湧的幕末時期躍上歷史大舞台；他洞悉時代的大潮流，並靈活遊走於各藩國之間；他為本是死敵的薩摩藩和長州藩牽線，促成「薩長同盟」；他的「船中八策」勾勒出對新國家的理念，並由後來的明治政府所接納並付諸實行；他是維新志士坂本龍馬，西鄉隆盛曾讚揚他的胸襟與度量完全無法衡量。

除了他的遠見和壯志，坂本龍馬與其妻子阿龍的軼事也為人津津樂道。阿龍，全名為楢崎龍，據說她當時在龍馬下榻的旅館工作，被龍馬自由奔放的性格吸引，不久後兩人結婚。這趟被譽為日本最初的蜜月旅行發生在1866年，西鄉隆盛和小松帶刀等人邀請在「寺田屋事件」中受傷的坂本龍馬，前來南九州薩摩地區的溫泉鄉休養療傷。

在這趟旅行中，龍馬與阿龍到訪了霧島好幾個溫泉區，包括「硫磺谷溫泉」和「日當山溫泉」等，而逗留在「鹽浸溫泉」的時間最久，共逗留了18天，後人為了紀念這趟日本最初的蜜月旅行，在園內豎立了二人的紀念像「坂本龍馬．阿龍的新婚湯治碑」。

坂本龍馬、阿龍的新婚湯治碑

鹽浸温泉龍馬公園

塩浸温泉龍馬公園

結良緣勝地

霧島溫泉鄉由新湯、林田、硫礦谷、丸尾、栗川、湯之谷、殿湯、關平和野々湯9個大小不一的溫泉區組成。隱身在霧島山間的鹽浸溫泉因為龍馬夫婦而聲名大噪，他們在此共逗留了18天。目前的鹽浸溫泉已經沒有提供住宿，但還是吸引不少人前來回溯這趟日本最初的新婚之旅。

鹽浸溫泉風景怡人，而且溫泉泉質對傷口癒合非常好，據說龍馬當時寫信給自己的姊姊，他說：「鹽浸溫泉如室外仙境，是新婚旅行最愉快的日子。」雖然龍馬一開始來這裡是

1

2

3

4

5

6

7

為了療傷，但因為與新婚太太在此度過愉快的旅行時光，因此這裡也被稱為「結良緣勝地」。

現在的鹽浸溫泉設有男女分開的室內溫泉大浴場及免費的足湯，也附設一所「龍馬資料館」，讓遊客好好認識這位日本幕末的傳奇人物。想要跟隨龍馬與阿龍的腳步遊走霧島山間？在鹽浸溫泉龍馬公園後面有一個隱藏景點——龍馬之散步道，沿著4公里的步道可以到達「和氣神社」和「犬飼瀑布」，步道部分區域還保留龍馬當年造訪時的原始模樣。

①園內的溫泉大浴場／②園內紀念品店販賣的都是龍馬與阿龍的產品／③④⑤被龍馬比喻為室外仙境的鹽浸溫泉／⑥⑦園內設有免費的足湯／⑧龍馬散步道相當陡峭／⑨通往神社的石階被完整保留下來

- 鹿兒島縣霧島市牧園町宿窪田3606
- 0995-76-0007
- 09:00～18:00(溫泉開放至17:30)，12/31～01/03 09:00～15:00(溫泉開放至14:30)，週一公休
- 園內自由參觀；鹽浸溫泉：成人¥360、兒童¥140；龍馬資料館：成人¥200、兒童¥100
- 由鹿兒島機場駕車約15分鐘；或JR嘉例川駕車約10分鐘；或JR國分站駕車約30分鐘
- 1小時
- siohitasi.web.fc2.com

日本的人氣蜜月地點

（壹知識）

昭和30年代開始，日本新婚夫妻的蜜月旅行地點由近郊的溫泉區變成充滿熱帶風情的南九州，鹿兒島和宮崎成為新一波的蜜月聖地，鹿兒島最南端的指宿溫泉在當時更被稱為「東洋夏威夷」。不過，宮崎才算是史上最厲害的日本蜜月聖地。根據統計，自昭和30年代後半起到昭和47年(1972年)，有多達四分之一的新婚夫妻都去過宮崎。

宮崎縣為什麼會掀起蜜月旅行的熱潮？除了綿長的沿海公路旁種滿椰樹，讓人有如置身熱帶島國外，日本皇室兩場婚禮也在背後「推波助瀾」。1960年，昭和天皇的五女兒貴子公主和薩摩藩主島津家的後人島津久永結婚，並脫離皇籍身分，他們婚後回到鹿兒島祭拜島津家的先祖，更順道到宮崎縣旅遊。1962年5月，當時新婚3年的皇太子和美智子皇妃也到宮崎縣旅遊。

皇室公主下嫁民間，或是自由戀愛的皇太子夫婦都為日本皇室帶來了新氣象，他們成為日本國民「理想新世代夫妻」的典範，也讓宮崎縣成為當時年輕女性相當憧憬的蜜月旅行聖地。

充滿熱帶風情的宮崎日南海岸(P.170)

霧島溫泉推薦

すいせん

霧島神宮

華麗莊嚴的天孫降臨之地

霧島神宮創建於6世紀中期的高千穗峰上，因為火山活動頻繁而多次改建或搬遷，現在的主建築是由島津家第21代當主（薩摩藩第4代藩主）——島津吉貴於1715年捐贈重建的。

充滿神話色彩的霧島神宮是知名的能量景點，這裡供奉日本民族先祖「邇邇藝命」。傳說邇邇藝命誕生後，在天照大神手中接下象徵皇位的「三大神器」（草薙神劍、八咫鏡、八尺瓊勾玉）就馬上代替祂的父親，被指派降臨統治人間界，這些神器至今還是日本皇位的象徵。

7

4

8

6

5

霧島神宮境內種滿高聳入雲的樹木，遊走其中不禁讚歎大自然的力量，穿過鬱鬱蔥蔥的參拜道路後，朱紅色的神宮主殿建築就出現在綠樹深處。

讓這座歷史悠久的神宮聞名的還有阪本龍馬夫婦，他們在登上高千穗峰頂後來此參拜，神宮裡有他倆的紀念看板，連繪馬也是他們的造型。

- ✉ 鹿兒島縣霧島市霧島田口2608-5
- ☎ 0995-57-0001
- ⏲ 神社境內全日開放，祈願和授與所08:30～16:30
- $ 自由參觀
- ➡ 由JR鹿兒島中央站到霧島神宮站約50分，再換乘巴士，但區內巴士班次非常疏落，建議抵達後直接乘搭的士前往霧島神宮，車程約10分鐘
- ⌛ 1小時
- http www.kirishimajingu.or.jp

①②③霧島神宮是備受尊崇的神宮之一，每年約有150萬人前來參拜／④⑤被千年古老杉樹包圍著的參拜道路／⑥霧島神宮供奉日本民族先祖邇邇藝命，而祂降臨的地方就是高千穗／⑦神宮的繪馬也是阪本龍馬夫婦的圖案／⑧阪本龍馬與妻子阿龍的紀念看板

登知識

天孫也是「外貌協會」成員

邇邇藝命降臨人間後，遇見了有「神界第一美女」之稱的木花佐久夜姬 (P.156)，祂是山神大山津見神的小女兒。邇邇藝命對祂一見鍾情，馬上向山神提親。山神答應了祂的請求，同時希望邇邇藝命把木花佐久夜姬的姊姊磐長姬也一起娶回去，但邇邇藝命嫌棄磐長姬長得醜而拒絕。

其實，磐長姬本來能讓邇邇藝命及後代擁有不滅的生命，「磐長」意思是像岩石一樣堅強，而「木花」即是櫻花，雖然開得美麗燦爛，卻稍縱即逝。被拒絕後的磐長姬感到悲憤，因而詛咒人的壽命不再如磐石般常存，而是像木花般易逝。

霧島藝術展覽公園

霧島アートの森

散落在森林和原野的現代藝術

一隻紅色的巨型圓點高跟鞋、草地上放滿了一個個呈中空狀的華麗畫框，以及高8公尺的雌雄同體黑色巨人，在純樸自然的霧島連山西側，竟然有這樣一個大型的戶外藝術館。

霧島藝術展覽公園收藏了來自世界各國現代藝術家的作品，大致可分為室內的「藝術展覽大廳」和「戶外廣場」兩大部分。藝術展覽大廳展出包括草間彌生的紅色的高跟鞋〈High Heel〉及村上隆的〈Physical Pie〉等藝術大師的作品。13公頃的戶外廣場包含整片遼闊的樹林，館方讓藝術家在此自由選擇位置，創作渾然天成的藝術品。

霧島藝術展覽公園讓藝術融入自然，陳放在野外的藝術品有四季景觀作為背景，而且刻意沒有安排觀賞順序和作品說明，讓參觀者透過自身的參與，獲得最直觀的感受和體驗。

發現草間彌生的華麗圓點

喜歡草間彌生的人不要錯過園內2件作品，分別是位於室內展覽大廳門外的一隻巨型紅色高跟鞋〈High Heel〉和在公園正門口的〈Flowers of Shangri-La〉，以她簽名式的鮮豔色調和密集圓點展現著生命力。（圖3）

1

2

3

你就是藝術

韓國藝術家崔正化的作品〈You are the Art〉是園內其中一個熱門「打卡」地點，藝術家邀請所有參觀者在中空狀的畫框中拍照，讓自己也成為藝術品的一部分。（圖4）

通往異世界的入口？

傳說霧島一帶是「天孫降臨之地」，以色列藝術家Dani Karavan在此創作的作品是否要呼應這個神話？從呈隧道狀的入口走進去，縫隙間透露出一道道光線，走到盡頭映入眼簾的是一片遼闊的山谷，大地就在腳下的景象令人歎為觀止。（圖6、7）

懸掛在樹林裡的薩摩山芋葉子

來自新加坡的藝術家Tang Da Wu以薩摩山芋的葉子形狀為題材，配上五彩繽紛的彩色玻璃，創作了這件作品。在陽光的照耀下，路面會呈現不同耀眼的色調，彷如精雕細琢的薩摩切子般，在樹林裡閃耀著光芒。（圖5）

- 鹿兒島縣姶良郡湧水町木場6340-220
- 0995-74-5945
- 09:00～17:00，最後入場時間為16:30，週一公休，如遇假日將延至翌日休，12/29～1/2公休；7/20～8/31期間的週末及假日會延遲開放至19:00，最後入場時間為18:30
- 成人¥310，高中及大學生¥200，初中及小學生¥150
- JR栗野站乘搭湧水町專營的巴士前往，車程約20分鐘
- 1.5小時
- open-air-museum.org

6

4

7

5

①Jonathan BOROFSKY〈Male/Female〉(男と女)，1999／②占地13公頃的戶外廣場／③草間彌生〈High Heel〉(赤い靴)，2002／④崔正化〈You are the Art〉(あなたこそアート)，2000／⑤Tang Da Wu〈Satsuma Brilliance〉(薩摩光彩)，2004／⑥⑦Dani Karavan〈In the Beginning〉(ベレシート(初めに))，2000

霧島溫泉鄉

如置身雲霧的高原溫泉鄉

霧島溫泉鄉是鹿兒島縣其中一個溫泉勝地，由新湯、林田、硫磺谷、丸尾、栗川、湯之谷、殿湯、關平和野々湯9個大小不一的溫泉區組成，均坐落在海拔600～850公尺之間的高原。溫泉鄉的氛圍寧靜純樸，山間各處不時飄起裊裊的蒸氣。11月中旬為霧島的最佳紅葉觀賞期，來這裡感受多樣化的溫泉療效和紅葉美景吧！

- 鹿兒島縣霧島市牧園町高千穗
- 0995-78-2115(霧島市觀光協會)
- 全年開放
- 自由參觀
- 於鹿兒島機場或JR霧島神宮站乘搭巴士在「丸尾」下車，車程約30分鐘
- 1小時
- www.kagoshima-kankou.com(光スポット>霧島温泉 (丸尾周辺))

1

2

丸尾瀑布 丸尾の滝

日本極其稀有的溫泉瀑布

丸尾瀑布位於霧島溫泉市集附近。高23公尺、寬16公尺的瀑布，乍看之下跟其他瀑布沒什麼分別，但這條瀑布的水源來自林田溫泉和硫磺谷溫泉的泉水，為日本極其稀有的溫泉瀑布。

瀑布雖然沒有驚天磅礡之勢，但冬天冒出裊裊蒸氣的景象非常夢幻，站在觀景台可近距離欣賞如碧玉般的泉水。

3

①②丸尾溫泉位於霧島溫泉鄉的中心區／③丸尾瀑布是自駕兜風的沿途景點

- 鹿兒島縣霧島市牧園町高千穗丸尾
- 0995-45-5111(霧島市觀光課)
- 全年開放
- 自由參觀
- 由霧島溫泉市集步行約10分鐘
- 0.5小時
- www.kagoshima-kankou.com(光スポット>丸尾滝)

霧島民藝村 霧島民芸村

展示及販賣各種傳統工藝品

霧島民藝村位於霧島神宮大鳥居附近，由數間相連的工房和餐廳組成。這裡有各種傳統的工藝品，包括使用當地的火山灰制成的「龍神焼」陶器，霧島獨特的玻璃藝術品，以及大量的屋久杉製品等。此外，村內的陶藝工房更提供學習及製作茶杯及咖啡杯的體驗活動。

- 鹿兒島縣霧島市霧島田口2458
- 0995-57-3153
- 09:00～17:30
- 自由參觀
- 由JR霧島神宮站乘搭巴士或的士到霧島神宮，車程約10分鐘
- 0.5小時
- www.kirishima-mingeimura.com

④霧島民藝村就在霧島神宮巴士站旁邊／⑤民藝村門口有一個溫度約為50度的足湯，注意不要被燙傷／⑥⑦Kirishima Street Bakery是一座歐洲風格的木建築

Kirishima Street Bakery キリシマストリートベーカリー

只在週末營業的隱世麵包店

隱身在霧島群山間之中，這座淺黃色小木屋讓人有種置身在阿爾卑斯山某個角落的錯覺。

麵包店使用了櫻島熔岩石製作的石窯，據說熔岩石所產生的遠紅外線熱力，能加速麵包烘烤並保留濕潤的口感，每天提供多達30～40種的麵包，也備有自家烘焙的咖啡。不過每週只營業2天，如果錯過週末的營業時間就得撲空了！

- 鹿兒島縣霧島市霧島田口2638-447
- 0995-57-0157
- 週末09:00～19:00，平日公休
- 從JR霧島神宮站乘車約10分鐘，或從霧島神宮乘車約5分鐘
- meitenbanzai.com(鹿児島トップ>キリシマストリートベーカリー)

霧島溫泉市場

溫泉鄉中心的美食、閒逛好去處

由JR霧島神宮站乘搭巴士在「丸尾」站下車，就能抵達霧島溫泉市場，這個位於霧島溫泉鄉中心的小型購物中心，可以說是這一帶的資源補給站。市場內有飲食店，也有販賣土產和紀念品的商店，並設觀光案內所，方便旅客使用。在廣場中央有一個付費足湯，價格為成人¥100，兒童¥50；此外，市場一側有利用溫泉蒸氣把食物蒸熟的攤位，提供溫泉蛋、玉米或薩摩地瓜等特色小吃。

鹿兒島縣霧島市牧園町高千 3878-114
0995-78-3121
08:30～18:00，各店鋪營業時間或不同
於鹿兒島機場或JR霧島神宮站乘搭巴士在「丸尾」下車，車程約30分鐘，下車後步行1分鐘
1小時
kirishima-marche.com

①品嘗熱騰騰的「地獄蒸」／②霧島溫泉市場中央的足湯／③由於周邊也沒太多商店，大家都來這裡閒逛

觀光案內所 | トントン亭

霧島市的薩摩黑豚料理專門店

位於霧島溫泉市場2樓的トントン亭，所使用的黑豬肉都是產自鹿兒島縣的大隅，就連蔬菜等也全部使用地元新鮮材料，也備有分量較小的兒童餐和健康輕盈的女士套餐，十分推薦喔！

女士黑豚料理套餐(¥1,460)

霧島溫泉住宿

しゅくはく

霧島觀光飯店 霧島観光ホテル

霧島唯一展望溫泉住宿

距離霧島溫泉市集約5分鐘路程，霧島觀光飯店佇立在霧島溫泉鄉的中心，以有遠望霧島連山觀景的大浴場與露天風呂為人熟悉。飯店分南北兩館，共提供119間客房，北館坐擁霧島高原的自然景觀，南館則可飽覽錦江灣一帶的風景，於天氣晴朗的日子更能眺望櫻島呢！

✉ 鹿兒島縣霧島市牧園町高千穗3885
☎ 0995-78-2531
$ 一泊二食(2人1室每人) 付露天風呂和室¥14,580起，和室¥9,180起，洋室¥9,180起
➡ 於鹿兒島機場或JR霧島神宮站乘搭巴士在「丸尾」下車，車程約30分鐘，下車後步行約5分鐘
http www.kirikan.jp

①霧島觀光飯店屬於規模龐大的溫泉度假飯店／②睡不慣和室榻榻米的人可以選擇現代化的洋室／③晚餐包含薩摩揚、薩摩地瓜、薩摩黑豚等地道鄉土料理／④⑤櫻櫻溫泉旅館也備有日歸溫泉或純泡湯的方案

櫻櫻溫泉旅館 さくらさくら温泉

美肌力UP！天然泥漿溫泉

位於JR霧島神宮站不遠處，櫻櫻溫泉旅館以天然泥漿溫泉聞名，泥漿中含有硫磺成分，而且性質溫和，可以直接塗抹在臉部和身體，藉由泥漿面膜的效果，讓肌膚變得平滑亮麗。除了加強「美肌力」，泥漿溫泉還可促進排汗，對肩部酸痛及瘦身有效，因此特別受到女生的喜愛！

旅館提供5種房型，由傳統和室、和洋室、小木屋別墅到適合8人以上並最多可容納20人的包棟房間，任君選擇。

✉ 鹿兒島縣霧島市霧島田口2324-7
☎ 0995-57-1227
$ 一泊二食(2人1室每人) 本館和室¥12,000起，さくらのお宿 ¥10,500起
➡ 從JR霧島神宮站乘車約15分鐘
http www.sakura-sakura.jp

崎

宮崎位於九州東南邊，綿長的沿海公路旁種滿椰樹，讓人有如置身熱帶島國一樣，氣候溫暖加上濃厚的南國風情，讓宮崎成為日本的人氣度假勝地之一！

宮崎縣在日本古代稱為「日向」，即「朝著日出的方向」之意，這裡不單有展現大自然鬼斧神功的名勝景點，縣內多處更是神話故事的舞台，由「天孫降臨」到「海幸山幸」以及「神武東征」等發生在日向國的神話與傳說，都被記載在日本最古老的史書《古事記》和《日本書紀》中，源遠流長的傳說讓這個地區多了一份神話色彩。

不說不知，宮崎縣曾經掀起日本蜜月旅行的熱潮。根據統計，自昭和30年代後半起到昭和47年

宮

(1972) 有多達四分之一的新婚夫妻都去過宮崎，可以說是史上最厲害的日本蜜月聖地！

時至今日，宮崎依然是人們相當憧憬的「結緣之地」，縣內多個具代表的戀愛祈願景點，例如青島神社、堀切嶺、鵜戶神宮等，駕車在全長約100公里的日南海岸來一趟「戀旅之路」，除了邂逅無邊際的山海美景，說不定也會遇上美好的緣分喔！

區域地圖

搭乘飛機

宮崎機場位於宮崎市南部的海岸地帶，距離市中心大約 5 公里，自 JR 宮崎機場線 1996 年開通後，只需 10 分鐘就能輕鬆直達宮崎車站，前往延岡或大分也相當方便。目前主要有台北和首爾 2 條國際航線，每星期有 2 趟往返桃園國際機場 (TPE) 與宮崎機場 (KMI) 的定期航班，逢星期三及六啟航，飛行時間約為 2 小時 15 分。

宮崎市的觀光代言人Missi-chan

搭乘火車

宮崎車站是 JR 九州日豐本線其中一個車站，連結小倉至鹿兒島等地，南下日南地區的觀光列車「海幸山幸」也在此發車。

出發地	鐵路／所需時間	指定席價格(¥)
大分	特快列車 ： 約3小時	6,000
延岡	特快列車：約1小時	3,100
博多	新幹線 ： 鹿兒島中央→換乘特急列車 (共約3小時30分鐘)	13,920
熊本	新幹線： 鹿兒島中央→換乘特急列車(共約3小時)	10,960
鹿兒島中央	特快列車 ： 約2小時	4,230

*因日本消費稅更改的關係，2019年10月1日以後JR價格會調漲。詳情請參考JR官方網站www.jrkyushu.co.jp/chinese。

市內交通

巴士

宮崎市沒有地鐵或路面電車，加上火車不能直達縣內大多景點，大眾交通主要以公共巴士為主，但巴士班次稀少，建議自駕遊會比較方便。如果不會駕車就依賴巴士吧！購買外國旅客專用的「Visit Miyazaki Bus Pass」，只需 ¥1,500 就可以在一天之內無限次搭乘宮崎交通的路線巴士(但不包括前往延岡和高千穗的高速巴士)，此外，也有假日限定、行駛市區與近郊的一日優惠公車券(成人 ¥500/ 兒童 ¥250)。

特快列車「海幸山幸」

以日向神話為靈感的南國鐵道

行駛於宮崎站與南鄉站之間的特快列車「海幸山幸」，以自古流傳的海幸彥與山幸彥神話故事為創作靈感，這台只有 2 節車廂的觀光列車使用了大量的飫肥杉，營造出溫馨又舒適的木調奢華空間。

列車途徑青島和日南海岸一帶，沿途飽覽一覽無際的太平洋景色和被稱為「鬼之洗衣板」的特殊地貌，隨車服務員沿途還會拿著傳統的「紙芝居」圖畫卡，講述海幸彥與山幸彥的故事。「海幸山幸」的運行時間主要在週末和假日，而且一天只有來回各一班，這班車的滿座率很高，如果想要體驗一趟南國的火車之旅，記得提早預約！

區間	宮崎←→南鄉
可使用的鐵路周遊	○全九州版鐵路周遊券 ×北部九州版鐵路周遊券 ○南部九州版鐵路周遊券
總車程	約1小時35分鐘
普通單程票價	¥2,320
座位	○指定席　○自由席
運行日期	×每天運行 ○主要在週末和假日運行，實際運行日期請參考JR九州網站

*因日本消費稅更改的關係，2019年10月1日以後JR價格會調漲。詳情請參考JR官方網站www.jrkyushu.co.jp/chinese。

①海幸山幸的乘車紀念證／②以海幸山幸神話為主題的觀光列車／③車廂裡裡外外也使用了大量珍貴的飫肥杉

宮崎地區的鐵道便當

上等椎茸飯

昭和50年開始販賣的上等椎茸飯，採用雙層的飯盒設計，內有宮崎出產的高級香菇和蛋絲、雞鬆、肉丸、魚板、竹筍、等配料，使用高湯炊製而成的米飯，風味絕佳。

上等椎茸飯(¥970)

宮崎之彩

裝滿了以宮崎產食材製作的豪華便當，包括了宮崎獨有的炭火烤地雞，還有香菇、烤蛋捲、燜魚塊、牛蒡等配菜，美麗的配色，令人看了食指大動。

宮崎之彩(¥900)

特輯

日向神話

日本眾神降臨人間的舞台

日本有「八百萬神」的說法，神祇的數目多不勝數，世間萬物都可以視為神。神明除了存在於自然界，也於史書中登場，其中在日本最古老的史書《日本書紀》與《古事記》中，出現過的「古典之神」也為數不少。

根據記載，天照大神派遣祂的孫子邇邇藝命降臨人間，邇邇藝命與山神的女兒木花佐久夜姬結婚，誕下山幸彥和海幸彥，山幸彥後來邂逅海神的女兒豐玉姬，祂們的兒子鵜葺草葺不合命就是日本初代天皇神武天皇的父親。

宮崎縣在古代稱為「日向」，即「朝著日出的方向」之意，由「天孫降臨」、「海幸山幸」到「神武東征」，縣內多處地點就是神話故事的舞台，邇邇藝命、山幸彥和鵜葺草葺不合命更被稱為「日向三代」。

神話人物關係圖

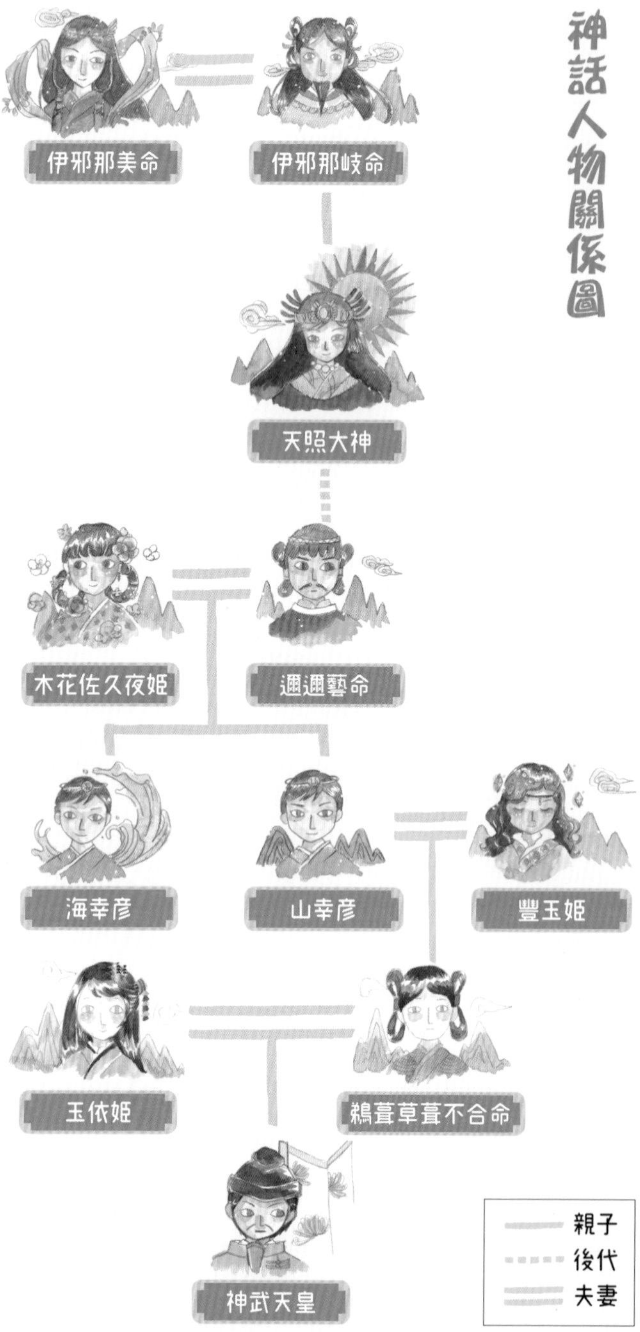

伊邪那岐命與伊邪那美命

創造天地的神靈

伊邪那岐命與伊邪那美命是日本神話中最早出現的夫婦神，祂們不單創造了日本列島，也相繼生下山神、海神等35位神靈。不幸的是，伊邪那美命在生產火神時受傷死去，愛妻心切的伊邪那岐命堅持要跟伊邪那美命在一起，於是苦苦追尋死去的妻子來到黃泉之國，可是當祂見到面目全非的伊邪那美命後，卻驚恐地逃離！

伊邪那美命非常生氣，祂說：「我要每天殺死地上的1,000人！」伊邪那岐命回答:「那我就每天蓋1,500個產房！」這成為了祂們最後的對話。自此之後，本來恩愛的夫婦，一個留在黃泉之國掌管死亡，一個回到地上，成為掌管生命的神。

從黃泉之國回到人間之後，伊邪那岐命進行祓禊儀式清洗黃泉路上的不潔之物，在祓禊的過程中誕生了以天照大神為首的「三貴子」及其他眾神。根據《古事記》記載，伊邪那岐命祓禊的地點，就是宮崎市阿波岐原的禊池(P.169)。

天照大神

太陽神隱居天岩戶

日本神話中的土地大致上可以分為高天原、黃泉之國以及介乎兩者之間的人間界。高天原由天照大神負責統治，祂是日本的總氏神，被尊稱為太陽神。

天照大神的弟弟須佐之男命非常暴躁任性，祂大肆破壞高天原的田地，天照大神被祂惹怒後憤兒躲到天岩戶裡。太陽神隱身不出來，大地頓時陷入一片黑暗之中，眾神們於是聚集到天安河原商量解決辦法。眾神最後在天岩戶前舉辦宴會，天照大神對外面熱鬧的氣氛感到好奇，於是打開天岩戶之門，世界才重返光明。這個神話的背景就在高千穗(P.161)。

邇邇藝命與木花佐久夜姬

天孫降臨人間

邇邇藝命誕生後，在天照大神手中接下象徵皇位的「三大神器」(草薙神劍、八咫鏡、八尺瓊勾玉)，就馬上代替祂的父親被指派降臨統治人間界。祂首先降臨在高千穗的山峰。現今位於鹿兒島的霧島神宮就是祭祀祂的神社 (P.144 ～ 145)。

降臨人間後，邇邇藝命來到日向這塊肥沃的土地上開始生活，祂遇見了山神美麗的女兒木花佐久夜姬並結為夫妻。怎料木花佐久夜姬在一夜之間就懷孕，邇邇藝命對此表示懷疑。

被丈夫質疑的木花佐久夜姬感到非常憤怒，為了證明自己的清白，祂把自己關進產房，並在裡面放火，說道：「若我能在火中平安生產，足以證明這是神之子。」果然在熊熊烈火中誕下孩子，祂後來更被供奉為順產之神。

海幸彥與山幸彥

海幸山幸傳說

海幸彥與山幸彥是邇邇藝命和木花佐久夜姬所生的兒子，哥哥火照命在海上捕魚維生被稱作「海幸彥」，弟弟火遠理命在山上打獵維生被稱作「山幸彥」。

某天，山幸彥硬要向哥哥借魚鉤，怎料他不單不能釣到任何魚，更把哥哥海幸彥賴以為生的魚鉤弄丟了。山幸彥為了獲得哥哥的原諒，於是前往海裡尋找魚鉤，他在海中宮殿遇見海神的女兒豐玉姬，兩人相戀結婚並一同在海底生活了 3 年。

後來，山幸彥想起要尋找魚鉤一事，便向海神商討，海神於是召集魚兒尋回了魚鉤。山幸彥帶著魚鉤和海神贈予的寶物回到岸上，據說祂再次回到陸地時，上岸的地方就是青島神社 (P.162 ～ 163)。

鵜葺草葺不合命與玉依姬

神武天皇的父母

鵜葺草葺不合命的父親是山幸彥，母親是海神大女兒豐玉姬。山幸彥在海邊用鵜鶘的羽毛與葺草搭建了一個產房，可是產房還沒有完成，鵜葺草葺不合命就誕生了。

豐玉姬是鯊魚的化身，祂不想山幸彥見到以鯊魚原形生小孩的模樣，於是叮囑丈夫千萬不要偷看，但好奇的山幸彥最後還是忍不住偷看了。豐玉姬知道後感到十分羞恥，產子後便獨自返回海底。身為母親的豐玉姬不忍心初生兒子沒人照顧，於是派了自己的妹妹玉依姬上岸照顧兒子。

在面朝日南海岸的海面洞窟中的鵜戶神宮(P.164 ～ 165)，相傳是豐玉姬為山幸彥產子的地方，裡面祭祀著這兩位神靈的孩子——鵜葺草葺不合命。

神武天皇

日本初代天皇誕生

鵜葺草葺不合命長大成人後，與養育自己的阿姨玉依姬結婚，並誕下 4 位皇子，其中最年幼的四子就是日本初代天皇——神武天皇。

為了獲得長治久安，神武天皇 45 歲的時候，和大哥五瀨命一起從日向(即現在的宮崎)揮軍出發，目標是攻下大和(即現在的奈良)，過程歷經艱辛，五瀨命更在戰爭中不幸陣亡，神武天皇後來經過多場激烈的戰爭才能平定天下，成為日本開國之祖。

宮崎保留了很多與神武天皇相關的史跡，其中最受尊崇的就是供奉神武天皇及其父母的宮崎神宮 (P.169)。

向衆神祈求幸福

圖解日本神社的正確參拜方式

鳥居・分隔神明與人間的標記

鳥居是分隔神明居住的世界與人類居住的世界的標記，因此在進入任何神社之前，要先在鳥居前輕輕一拜，而參道的正中間是神明的走道，參拜者請走在參道兩邊。

手水舍・藉由洗手和漱口使身心潔淨

1 先洗左手

先用右手拿起勺子取水，以少許水清洗左手

2 再洗右手

再用左手拿著勺子，清洗右手

3 漱口

再次將勺子換到右手，將水倒入左手手心，用手心裡的水漱口。所謂的「漱口」只要嘴巴輕輕沾到水就可，勺子不要直接碰到嘴

4 清洗勺子

將勺子立起，使剩餘的水往下流並清洗勺子的手柄，最後放回原位

參拜禮法・二拜、二拍、一拜

1 供奉香油錢

選擇投入象徵「結緣」的¥5是最好的

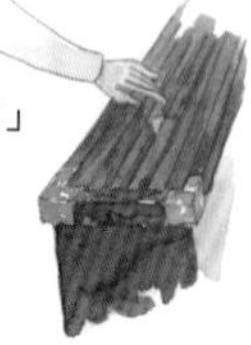

2 鞠躬兩次

深鞠躬兩次

3 拍手兩次

將兩手靜靜地合上在胸口的高度，輕拍兩次(也有人是習慣用力拍手的)，在心裡面祈願

4 鞠躬一次

再次深深地一鞠躬

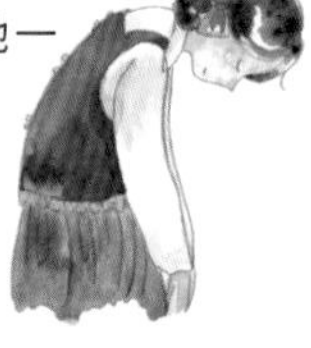

5

離開神社之前，在最後一個鳥居前面一鞠躬行禮，向神明表達感恩之心

注意：「二拜、二拍手、一拜」是最普遍的參拜禮法，但也有特殊的方式，請參考各神社的指引。

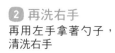

高千穗峽

泛舟神話仙境

高千穗峽是宮崎的自然奇觀之一。這個彷如仙境一樣的世外桃源，是遠古時代阿蘇山火山爆發時的熔岩，冷卻而成的峽谷，柱狀節理的火成岩經過河川年月的侵蝕，形成目前高達80～100公尺、長約7公里的斷崖，不管是泛舟峽灣，還是沿著岸邊步道遊走，皆能欣賞讓人心曠神怡的四季美景！

在高千穗地區，至今依然流傳「天孫降臨」和「太陽神隱居天岩戶」的神話故事。負責統治高天原的天照大神，被尊稱為太陽神。祂的弟弟須佐之男命非常調皮任性，天照大神對於弟弟的胡作非感到非常生氣，於是躲進天岩戶，世界頓時陷入一片黑暗之中，眾神們於是聚集到天安河原商量解決辦法。

眾神商議後，決定舉辦盛大的宴會，女神天宇受賣命更在岩洞外載歌載舞，引來眾神的歡呼，最後成功將天照大神吸引出來，世界才重返光明。這也是「高千穗夜神樂祭典」的起源。

✉宮崎縣西臼杵郡高千穗町三田井御鹽井

☎0982-73-1213(高千穗町觀光協會)

🕒船隻租借08:30～17:00(最後營業時間16:30)

$ 船隻租借費用¥2,000／30分鐘，每隻船最多可容納3人

➡由熊本出發，可直接乘搭九州橫斷巴士前往，需時大概3小時；由宮崎出發，乘搭期間限定的高速巴士，需時約2小時40分；由JR延岡站乘搭巴士前往，需時大概1小時30分鐘

⌛1.5小時

http takachiho-kanko.info/tw

3

1

2

①近距離看到柱狀節理的火成岩／②彷如世外桃源一般的高千穗峽／③由高達17公尺的斷崖飛瀉而下的真名井瀑布(本頁圖片提供／坂元和典@鹿児島おじゃったもんせ！)

青島神社

最強結緣神社

青島周長1.5公里、占地面積約1千平方公尺，四周被名為「鬼之洗衣板」的奇岩怪石所環繞，整個島嶼在古代視為聖地，江戶時代以前不允許進入島內。

青島神社據說已有超過1千2百年的歷史，神社的主殿經過多次改建，目前的建築建於1974年，沿著主殿旁邊的繪馬古道前進，穿過樹林小徑就抵達舊主殿「元宮」，在紅色的供奉亭旁，樹立著著有靈樹之稱的愛之木「夫婦蒲葵樹」，據說把紙繩綁在樹上就能結緣，或像當地人一樣在海邊執起貝殼，再帶到「真砂之貝文」祈願。

- 宮崎縣宮崎市青島2-13-1
- 0985-65-1262
- 冬天06:00～17:30、夏天06:00～18:00，授與所每天08:00才開放
- 自由參觀
- 由宮交City巴士中心乘坐往「青島 日南」方向的巴士，在「青島」下車，車程大概30分鐘，下車後徒步約15分鐘；或由JR青島站徒步約15分鐘
- 1小時
- aoshima-jinja.jp

①掛滿了信眾們祈願的繪馬古道／②據說把紙繩綁在夫婦蒲葵樹上就能結緣／③④被大片蒲葵樹包圍的青島神社，充滿了熱帶風情／⑤「真砂之貝文」是古老的祈願方法，要小心翼翼把貝殼放上去

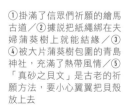

緣樹林立的青島神社是有名的姻緣神社，這裡供奉著日本神話人物山幸彥與豐玉姬，關於祂倆的愛情故事，請參考特輯(P.159)。濃厚的亞熱帶風情，加上神話愛情故事的加持下讓青島神社聲名大譟，成為九州地區家喻戶曉的戀愛神社，神社境內有將近10處可以祈願的地方，御守的種類也琳琅滿目。

每年1月的成人之日更會舉辦「裸祭」，相傳人們得知山幸彥由海中歸來，一時之間太高興而忘記穿衣服便奪門而出，這個祭典就是紀念人們迎接山幸彥的盛況。

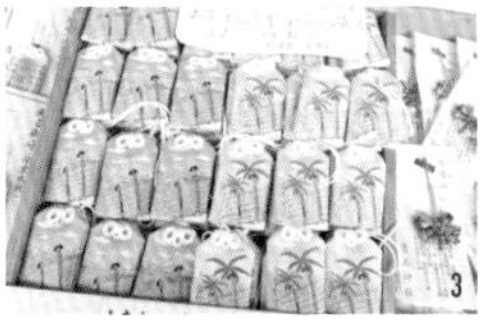

①神話人物山幸彥與豐玉姬的雕像／②男守．女守(各¥700)／③開運御守(¥700)／④夫婦守(¥1,000)

鬼之洗衣板 (鬼の洗濯板) 不可思議的奇岩怪石

位於宮崎市東南部的青島是日南海岸的起點，除了前往青島神社參拜外，環繞在神社外那片被稱為「鬼之洗衣板」的波狀岩亦是宮崎縣最具特色和最壯觀的自然景觀地之一！

約700萬年前，從海中隆起的水成岩長時間受到海浪的沖刷和侵蝕，形成現今的形狀。「鬼之洗衣板」延綿8公里，可以在青島一帶的海岸線觀賞到，但以環繞在青島神社周圍的地貌最為壯觀。

①遊客在潮退時可以走到奇岩上，近距離欣賞大自然的鬼斧神工／②環繞在青島神社周圍的「鬼之洗衣板」(圖片提供／公益財団法人 宮崎県観光協会)

鵜戶神宮

隱身懸崖洞窟中的神宮

鵜戶神宮是日本唯一本殿藏身於洞穴之中的神宮，主要保佑安產、胎兒健康、結緣和海上安全。整座神宮矗立在日南海岸一個面海的的峭壁之中，洞穴面積逾1千平方公尺之廣！遊客抵達巴士站後，要先攀爬約高800公尺的石階，再穿過朱紅色的正門，沿著海邊斷崖的參拜道走到本殿。

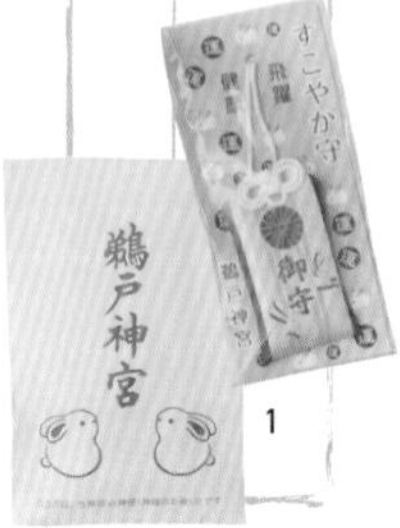

1

- 宮崎縣日南市宮浦3232
- 0987-29-1001
- 4～9月06:00～19:00；10～3月07:00～18:00
- 自由參觀
- 由宮交City巴士中心乘坐往「鵜 神宮 日南(油津) 飫肥」方向的巴士，在「鵜戶神宮入口」下車，車程大概70分鐘，下車後徒步15分鐘可抵達本殿
- 1小時
- www.udojingu.com

①小孩健康御守(¥1,000)／②隱身懸崖洞窟中的神宮／③鵜戶神宮是在日本神社中極罕有的「降宮」，即本殿低於鳥居

2

3

延續山幸彥與海神女兒豐玉姬的愛情故事，這個彷如祕境一樣的神宮供奉的是祂倆的兒子鵜葺草葺不合命。豐玉姬臨盆前，山幸彥在海邊用鵜羽與葺草搭建了一個產房，豐玉姬叮囑丈夫不要偷看她的生產過程，但好奇的山幸彥，最後忍不住偷看了以鯊魚原形生產的豐玉姬，嚇得倉皇逃走。豐玉姬知道後覺得十分羞恥，產子後便獨自返回海底，但離去時擔心孩子沒有奶水喝，於是留下貌似乳房的岩石，至今仍能在神宮內看得到順著岩石滴下的「お乳水」。

①鵜戶神宮朱紅色的本殿／②可愛的兔子繪馬／③鵜戶神宮入口處的門樓

觀光案內所　投「運玉」祈願

機會只有5次！

在鵜戶神宮海岸邊的岩石間有一塊龜背石，據說如果可以把「運玉」投入石龜上方的洞穴中就能使願望成真，機會只有 5 次。丟運玉時要遵守「男左女右」的規定，即男生必須用左手丟，女生則用右手。大家不妨在此試試手氣！

①龜背石看似沒有很遠，但要命中目標還是有一定難度／②③④由黏土製作而成的「運玉」(¥100／5顆)

飫肥城跡

杉樹林中的古城遺跡

擁有近300年的歷史，名列「日本百大名城」之一的飫肥城，可以說是宮崎縣最具分量的古城遺址。這裡是江戶時代飫肥藩伊東氏的藩廳，歷經數百年的時移勢遷後，如今遊客到來，漫步在城下町，依然能感受當年繁華的景象。

飫肥城既無護城河，城內亦無天守閣，這種設計在日本城堡當中是相當罕見的。修復於1978年的大手門是飫肥城最注目的地標，門柱和梁皆使用了樹齡100年以上的飫肥杉，並保留傳統建造風格，過程中沒有使用過一顆釘子。

- 宮崎縣日南市飫肥4-2-20-1
- 0987-67-6029(肥城下町保存會)
- 自由參觀
- 自由參觀
- 由宮交City巴士中心乘坐往「鵜戶神宮・日南(油津)飫肥」方向的巴士，在終點站下車，車程大概2小時；或從JR宮崎　搭乘火車至「飫肥駅」，車程約1小時15分鐘，抵達後再步行約15分鐘
- 0.5小時
- obijyo.com

①走在櫻花滿開的古老街道，感受時光的痕跡／②使用了樹齡100年以上的飫肥杉修復而成的大手門

飫肥出產的杉木名為「飫肥杉」，這是一種樹脂含量高、吸水性低而且不易腐爛的木材，是做船的好材料。在江戶時代，藩主伊東氏在城內廣植杉樹，以賺取豐厚的收入。

至今這片長滿參天飫肥杉的地方，被稱為「療癒的森林」。踏著石階歷階而上，會經過由4棵杉木組成的「幸福之杉」，據說站在這4棵樹的中央，就能獲得幸福。

①由4棵杉木組成的「幸福之杉」／②飫肥城保存過往石牆的原貌

飫肥城下町 九州小京都

遊覽飫肥城後，不妨到林立著武士住宅和商家店鋪的周邊地區逛逛，感受一些昔日的城下町繁榮氣氛。此外，散步在古老的巷弄間，還能品嘗各種當地最傳統的平民美食。

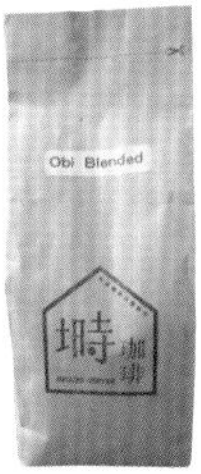

①自家烘焙的咖啡粉(¥1,150／200克)／②漫步飫肥城下町／③城下町街角的溫馨咖啡店「塒・珈琲」／④提供日本古老射箭體驗的「四半的射場」(¥300／10箭)

堀切嶺 堀切峠

日南海岸的最佳觀景台

堀切嶺被譽為觀賞日南海岸最美的地點。位於山丘上的觀景台能俯瞰一望無際的太平洋，以及一整片「鬼之洗衣板」一的波狀岩地貌，加上兩旁充滿熱帶島國風情的鳳凰樹，在昭和40年代的日本新婚旅行熱潮中，這裡是其中一處必到的打卡景點。

堀切嶺旁邊的鳳凰休息站設有餐廳和商店，提供各種當地特產及特色雪糕，觀景以外，不妨到店鋪裡搜購特產。

- 宮崎縣宮崎市內海
- 0985-20-8658(宮崎市觀光協會)
- 沿海長廊觀景台全天開放；鳳凰休息站09:00～18:00
- 自由參觀
- 由宮交City巴士中心乘坐往「青島峠日南」方向的巴士，在「堀切」下車，車程大概35分鐘
- 0.5小時
- www.miyazaki-city.tourism.or.jp(光情報>堀切 /道の駅フェニックス)

①在堀切嶺可以看到一整片的鬼之洗衣板／②來感受一下大自然的鬼斧神工／③關之尾瀑布的展望台透著沁涼感

1

關之尾瀑布 関之尾滝

氣勢磅礡的「日本瀑布百選」之一

位於霧島自然景觀公園內，這個氣勢磅礡的關之尾瀑布入選「日本瀑布百選」之列。

瀑布上游有寬80公尺、長600公尺，無數被河水沖刷和撞擊而形成的石孔，日本稱為「甌穴群」，也就是我們說的「壺穴群」，這特殊的地貌被指定為日本的天然紀念物，也是世界最大規模的壺穴群，水流流經散布於上游河面間的壺穴群後，在末端形成巨大的瀑布傾瀉下來，轟然巨響與水花四濺的景像非常壯觀。

- 宮崎縣都城市關之尾町6843-20
- 0986-23-2615
- 全天開放
- 自由參觀
- 由JR都城站駕車前往約需20分鐘；或由都城站乘搭往霧島神宮方向的高崎觀光巴士，在「関之尾滝」站下車，車程約40分鐘
- 0.5小時
- miyakonojo.tv/kanko/tourism/sekino

2

3

宮崎神宮

供奉日本初代神武天皇的神社

2019年5月1日，德仁親王繼任成為第126任「令和天皇」，而他的先祖「神武天皇」就是日本的初代天皇。神武天皇在日向國出生（現在的宮崎縣），45歲時東征，經過多場戰爭後終於稱霸整個日本，成為開國之祖，皇室家族延續至今。

位於宮崎市中心的宮崎神宮供奉神武天皇為祭神，配祀祂的父親鵜葺草葺不合命和母親玉依姬二神。

- 宮崎縣宮崎市神宮2-4-1
- 0985-27-4004
- 10～4月05:00～17:30；5～9月05:00~18:00
- 自由參觀
- 由宮交City巴士中心乘坐往「宮崎神宮」的巴士到「宮崎神宮」下車，車程約20分鐘；或由JR宮崎神宮站步行10分鐘
- 0.5小時
- miyazakijingu.jp

①漫步在綠蔭繚繞的參拜道，細味日本神話故事的起源／②使用狹野杉木建造的正殿／③禊池在夏季會盛開美麗的睡蓮

江田神社・禊池

日本神社「祓禊」儀式的起點

江田神社・みそぎ池

一般日本神社內皆設有「手水舍」，「手水」就是洗手與漱口的意思，不過這是簡化了的除穢儀式。傳說伊邪那岐命追尋死去的妻子伊邪那美命來到黃泉之國，可是當祂見到妻子變了樣的姿態後，卻驚恐地逃離！從黃泉之國回到人間，伊邪那岐命進行「祓禊」儀式，清洗黃泉路上的不潔之物。

根據記載，伊邪那岐命祓禊的地點就是現在宮崎市的阿波岐原的禊池，附近的江田神社為宮崎縣最古老的神社，裡面祭祀的就是日本神話裏的兩位開國之神「伊邪那岐命」與「伊邪那美命」。

- 宮崎縣宮崎市阿波岐原町 母127
- 0985-39-3743(江田神社)
- 全天開放
- 自由參觀
- 由宮交City巴士中心乘坐往「フェニックス自然動物園」的巴士到「江田神社」下車，車程約40分鐘；由江田神社步行大概10分鐘可到達禊池
- 0.5小時
- www.miyazaki-city.tourism.or.jp/tcn(觀光信息>江田神社)

Sun Messe 日南 サンメッセ日南

不用遠訪復活節島也能觀賞摩艾石像

自1992年開始，日本的摩艾石像修復團隊花了3年時間，協助扶正復活節島上15尊倒下的摩艾石像。為了感謝日本團隊的奉獻和幫忙，全球唯一獲復活節島長老會及島民許可複製的摩艾石像，在宮崎縣的日南誕生了。

摩艾文中的「摩」是未來的意思，而「艾」則是生存，摩艾也就是代表「為未來而生存」。位於Sun Messe日南內，這7尊背海而立的摩艾石像，是園內知名的拍照景點，而且各具含意，由左至右分別代表事業運、健康運、愛情運、全體運勢、結婚運、財運和學業進步。

除了摩艾石像外，占地約20公頃的園內還有牧場、太陽之丘、地球感謝鐘、紀念品店等景點，湛藍的天空加上一望無際的海平線，來這個充滿熱帶風情的複合式公園遊玩吧！

- 宮崎縣日南市宮浦2650
- 0987-29-1900
- 09:30～17:00，每月第一和第三週的週三公休，8月和節假日例外
- 成人¥700，中學生¥500，4歲以上兒童¥350
- 由宮交City巴士中心乘坐往「鵜戸神宮・日南(油津)飫肥」方向的巴士，在「サンメッセ日南」下車，車程大概80分鐘，下車後需徒步約10分鐘上山
- 1.5小時
- www.sun-messe.co.jp

①②③全球唯一獲復活節島允許複製的摩艾石像／④手工木雕的摩艾石像鑰匙圈(¥650)

◎本店

OGURA おぐら本店

宮崎南蠻雞創始店

宮崎的在地美食南蠻雞（チキン南蛮）在全日本擁有極高人氣，將雞肉裹上麵衣油炸，再趁熱淋上以醋、砂糖或味醂製成的醬汁，並蓋上獨家的塔塔醬，雞肉香酥中帶有酸甜，加上融合異國元素，為日本鄉土料理百選的「當地人氣料理特選」之一。

南蠻雞在宮崎很多餐廳可以吃得到，每一家的風味稍有不同，1956年開業的OGURA是這道料理的創始店。藏身於橘通三丁目旁的小巷子裡，創業逾60年，至今依然門庭若市。

OGURA的南蠻雞用料十足，香甜炸雞胸沾著特製的塔塔醬一起吃，酸甜開胃的滋味，讓人一口接著一口，還附有白飯跟義大利麵。

- 宮崎縣宮崎市橘通東3-4-24
- 0985-22-2296
- 午餐11:00～15:00(L.O.14:30)，晚餐17:00～20:30(L.O.20:00)，週二公休
- 從JR宮崎站步行約10分鐘(位於山形屋後面的小巷子裡)
- www.ogurachain.com

1

2

◎宮崎站前店

軍雞隱藏 ぐんけい隱藏宮崎駅前店

焦黑色的美味！炭火烤地雞

「軍雞隱藏」在宮崎縣可謂無人不知無人不曉，這間人氣地雞餐廳有2家分店，本店位於中央通，另一家由宮崎站步行1分鐘即到，非常便捷。

他們的炭火烤地雞最常使用的部位是雞腿肉（もも）和雞胸肉（ささみ），迷人的炭香加上宮崎土生土長「地頭雞」的濃醇香，柔軟富彈性的雞肉，配以酸酸辣辣的特製柚子胡椒醬，讓人欲罷不能，不塊是夢幻土雞！此外，也有提供鹽烤雞翅膀和滷雞肉丸等各種雞肉料理。

3

- 宮崎縣宮崎市錦町1-10 KITEN 2F
- 0985-33-9001
- 17:00～24:00(L.O.23:00)
- 從JR宮崎站西口步行約1分鐘
- www.gunkei.jp

①創業逾60年的南蠻雞料理創始店／②招牌人氣料理南蠻雞(¥1,010)／③「其貌不揚」的炭火烤地雞(小份量／¥1,140)卻是超美味的下酒菜

英國式庭園 イングリッシュガーデン

宮崎人私藏的下午茶

在宮崎縣近郊的國際海濱入口廣場內，竟然有一棟英式建築隱藏在大片森林裡面，這座精緻的英國式庭園由英國首席庭園設計師羅賓．威廉斯親手設計。

典型的英國式庭園設計極富自然感，大樹、灌木、草坪多層次的植物高低有序地成簇狀生長，鮮少出現直線型的幾何區塊設計。此外，也會種植各種多年生的開花植物，例如玫瑰、繡球、球根類的鬱金香和風信子等，整體營造自然而不刻意工整的園藝風格。

①春天的庭園開滿了鬱金香和風信子／②單品紅茶(¥780)

- 宮崎縣宮崎市山崎町濱山414-1(國際海濱入口廣場內)
- 0985-32-1369
- 10:00～16:30(L.O.16:00)，週一公休(如遇假期改翌日休)；7、8月只開放14:00～17:30(L.O.17:00)，週一、二公休
- 乘搭宮崎交通巴士18號到「フローランテ宮崎」，車程大概25分鐘，下車後再步行大概5分鐘
- mppf.or.jp/entrance_plaza(英国式庭園)

貫徹對紅茶的重視，這裡的茶具均使用英國頂級骨瓷品牌韋奇伍德(Wedgwood)的出品，挑高的空間搭配窗外的日光與綠意，加上一杯以寬口茶杯盛載的英式紅茶，就是最美好的午後時光。

英國有一首民謠這樣唱：「當時鐘敲響4下，世上的一切瞬間為茶而停頓。」(When the clock strikes four, everything stops for tea.) 大概，喝下午茶就是如此被重視的一回事吧。

除了在庭園欣賞美麗的庭園景致，園內這棟洋溢鄉村田園風情的建築物其實是茶室，主要提供各款英式紅茶和司康等茶點，也備有經典的3層英式下午茶(需預約)。

①多層次的植物高低有序地成簇狀生長／②由英國首席庭園設計師羅賓・威廉斯親手設計／③挑高的空間搭配窗外的日光與綠意，倍覺溫馨自在／④隱藏在大片森林裡的英國式庭園

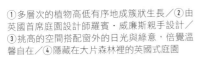

◎宮崎本店

九州鬆餅

九州パンケーキ宮崎本店

被譽為是全日本最好吃的鬆餅

九州鬆餅除了在日本有多家分店，近年也在台灣和新加坡相繼開了分店，但如果你也有「本店情結」的話，來到宮崎一定要去它的本店品嘗一下最元祖的滋味！

九州鬆餅被譽為是全日本最好吃的鬆餅，主打不添加乳化劑、香料等加工品，並選取來自九州各地最好的穀物為原料，堅持嚴選優質食材，讓他們的鬆餅贏得一致的好口碑。

位於宮崎市安靜的街區裡，陽光輕輕灑進窗內，店內洋溢舒適輕鬆的氛圍。這裡有幾款本店限定的鬆餅，包括使用5種不同麵粉製作、搭配3款果醬的鬆餅，讓你一次感受到九州大地的物產豐饒，還有使用宮崎產的米麴紅茶製作的紅茶肉桂焦糖鬆餅，以及抹茶提拉米蘇鬆餅等。

除了有甜滋滋的口味外，由野菜粉或雜糧粉製作的鹹味鬆餅也是不錯的選擇，例如大人氣的班尼迪克蛋鬆餅，佐以水波蛋、培根、番茄、蘆筍等豐富配料，飽足又健康！

- 宮崎縣宮崎市高千穗通1-2-2
- 0985-33-9388
- 08:00～17:00(L.O.16:30)，12/31～1/3公休
- 從JR宮崎站西口步行約10分鐘
- 1.5小時
- www.kyushu-pancake.jp/miyazaki

①九州小麥粉(¥320)／②用餐空間愜意溫馨／③九州鬆餅的本店門口非常低調／④紅茶肉桂焦糖鬆餅(¥1,080)，拿鐵(¥400)

4

2

3

果物大野 Annex

フルーツ大野 Annex

人氣No.1的時令水果聖代

1982年創業的果物大野本來是水果行，後來因利成便也設立了甜品店，利用自家的水果製作新鮮時令的各種甜點，種類豐富的聖代就是他們最自豪的商品！

這家果物大野Annex有別於本店，主要在晚間經營，並提供各款雞尾酒，除了聖代，也有供應食物，輕鬆的氣氛非常適合晚上小酌聊天。

店裡人氣No.1的是這款美味又吸睛的水果聖代，盛滿15種以上的時令水果絕對是豪華卡司！當中包括西瓜、芒果、草莓、哈密瓜、鳳梨、火龍果、柳橙、葡萄柚、藍莓、葡萄等等，水果的種類更會隨季節而更換。現切現做的水果聖代新鮮度十足，搭配鮮奶油及香草冰淇淋等，恰到好處的奢華享受！

豆知識

宮崎時令果物

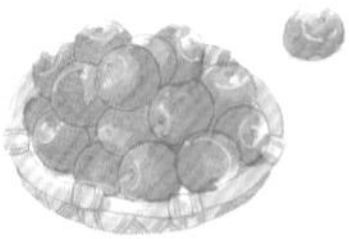

金橘（1月中旬～3月下旬）

金橘和其他水果不一樣，果皮比果肉更甜。宮崎出產的溫室金橘，小顆渾圓的金黃外表，整顆連皮一同食用就能體會它的清新甘甜，就算沒有完全熟透也很美味！

日向夏（12月下旬～5月）

日向夏是一種原產於宮崎的柑橘類水果，味道像是柚子和橘子的混合體，也有檸檬和葡萄柚的香味，可以說是集所有柑橘類的風味於一身，皮薄酸味強，一般製成果汁或加工品。

芒果（4月中旬～7月中旬）

宮崎縣產的芒果有著嚴格的標準，包括要在樹上成長至成熟才能採摘、糖度15度以上、重量達350公克以上。一顆宮崎芒果動輒¥3,000起跳，當中被譽為最高檔的「太陽之子」，價格更可高達20萬日圓！

✉ 宮崎縣宮崎市橘通西2-7-2 K&Kマンション2F
☎ 0985-86-6288
🕒 18:00～24:00，週日公休，節假日不定休
➡ 從JR宮崎站西口步行約15分鐘；或橘通2丁目巴士站徒步大概3分鐘
http www.annex-fruit-ohno.com

①②果物大野Annex的氣氛輕鬆悠閒／③盛滿15種以上時令水果的奢華聖代(¥1,100)

◎宮崎店

山椒茶屋

古早味鄉土料理店

山椒茶屋是宮崎地區一家蕎麥麵和烏龍麵專門店。合掌造木建築和大水車是這家店的標記，據說老闆曾多次造訪飛驒高山地區，並參考了合掌造的建築風格，古樸的裝潢在晚上點燈後相當有氣氛。

店裡的蕎麥麵和烏龍麵均使用自家栽種的蕎麥和小麥，全手工製作的麵條口感質量兼具。此外，為了推廣健康的飲食習慣，店裡無限量供應免費的沙拉，晚間限定的關東煮放題是隱藏菜單。

1

2

3

- 宮崎縣宮崎市大字本鄉北方3545-3
- 0985-56-0550
- 週一至六10:00～21:00，週日及節假日09:00～21:00
- 由宮崎機場駕車前往，車程大概10分鐘
- www.sanshochaya.jp/miyazaki

宮崎人情横丁 宮崎ニシタチ横丁

巷弄裡的美食街

位於宮崎市最熱鬧的中央通裡面，人情横丁是一處隱藏了很多小型居酒屋和料理店的巷子，主要使用宮崎縣產的食材製作成各式道地風味料理，包括串燒、生魚片、壽司、拉麵、鐵板燒等。從巷口望過去，滿滿的招牌加上懸吊著的七彩燈籠，非常有氣氛！這裡的店鋪大部分營業至凌晨2點，是吃宵夜和感受宮崎晚上熱鬧氣氛的好去處！

4

5

- 宮崎縣宮崎市中央通6 16
- 0985-26-5537
- 17:30～02:00，各店鋪營養時間或不同，週日休
- 從JR宮崎站西口步行約15分鐘
- miyazaki-yokocho.com

①合掌造木建築和大水車是山椒茶屋的標記／②店裡的桌椅都是使用近百年的赤松木／③炸蝦天婦羅蕎麥麵(¥780)／④雲集多家居酒屋和料理店的巷弄美食街／⑤懸吊著七彩燈籠的宮崎人情横丁

宮崎購物

買い物

青島屋

宮崎在地原創商品

從JR青島站經參道步行至青島神社大概需要15分鐘，參道上有一些道地的特產小店，但說到好買好逛，必然是位於參道入口附近的青島屋。

這座黑色的和風現代建築是一所複合型的商業觀光設施，以「FEEL 宮崎．青島」為主題，透過販賣各種當地物產的購物區，和氣氛輕鬆的餐廳及咖啡店，讓訪客感受青島獨有的南國風情。

青島屋號稱縣內最厲害的土產店，店內幾乎雲集了所有宮崎的名產和雜貨，光是菓子和加工食品類的伴手禮種類就超過1千種，限定的宮崎燒酒和別處買不到的在地文創商品皆能在此找到。逛累了，不妨到店內的咖啡店「Shu Factory 工房」，安坐在寬敞明亮的空間，盡情享受店裡提供的雨林聯盟認證咖啡、消暑涼快的芒果甜點或各款人氣美食。

- 宮崎縣宮崎市青島2-12-11
- 0985-65-1121
- 09:00～17:00
- JR青島站徒步約5分鐘；或由宮崎機場前往，車程15分鐘
- www.s-and-r.jp(運営施設>AOSHIMAYA)

①鬼之洗衣板手帕(¥648)／②琳瑯滿目的宮崎土產／③青島屋是一座黑色的和風現代建築／④店裡有很多具設計品味的在地原創商品／⑤也有販賣衣飾類的專區

4

2

1

5

3

宮崎物產館 KONNE
みやざき物産館 KONNE
宮崎最強伴手禮店

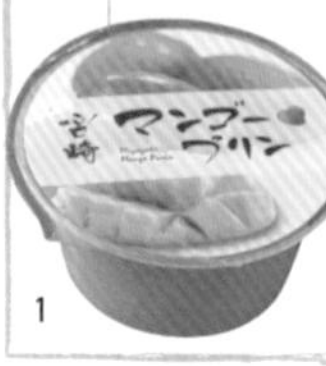

1

宮崎物產館 KONNE 是銷售縣內產品的直銷商店，提供農產品、肉類、水產、酒類、菓子和各種工藝品等，產品類型多元化，現場還有試吃、示範銷售等活動，也可以直接免稅。

特別推薦使用完熟芒果製成的各款布丁，和宮崎縣的代表鄉土料理「冷湯」(冷や汁)，這是一款以竹莢魚、麻油、小黃瓜、豆腐等食材做成的湯汁，直接淋於熱騰騰的白飯上，具有降溫祛暑的功效。

2

3

4

🖂 宮崎縣宮崎市宮田町1-6(宮崎縣廳8號館1樓)
📞 0985-22-7389
🕘 09:00～19:00，週末及節假日09:30～18:30, 1/1公休
➡ 從JR宮崎站步行15分鐘
http www.m-tokusan.or.jp/miyazaki

◎本店
和菓子日高
お菓子の日高本店
名為「這是什麼鬼大福」的宮崎名物

5

和菓子日高的人氣商品是名為「這是什麼鬼大福」(なんじゃこら大福)的「雜錦大福」，自1988年開始販賣，至今已經賣出超過1千萬個！

なんじゃこら(這是什麼鬼)是宮崎方言，這款大福的大小為女性拳頭般大，第一次品嘗的客人大概都會被它的大小以及美味嚇一跳，而驚呼「這是什麼鬼?!」揉合了日式和菓子及西式甜點的元素，裡面的餡料除了紅豆，還有草莓、栗子及奶油起司。

6

🖂 宮崎縣宮崎市橘通西2-7-25
📞 0985-25-5300
🕘 09:00～21:00，1/1休
➡ 從JR宮崎站步行15分鐘
http hidaka.p1.bindsite.jp

①②宮崎芒果布丁(¥594／3個)／③日向夏冷湯包(¥324)／④宮崎吻仔魚漬(¥594)／⑤包滿滿紅豆、草莓、栗子及奶油起司的大福(¥390)／⑤創業接近70年的知名和菓子老店

encross エンクロス
不只是車站！延岡站前複合建築

過去，延岡站可能只是旅客在等候前往高千穗的公車時，匆匆停留的普通車站。如今，這裡有一座融合書店、咖啡店、物產館和社區交流空間的複合建築「encross」。

這座位於延岡車站前的2層複合建築，以延岡的「延」以及人與人之間的「緣」兩個日文發音相近的字而命名，由新世代的日本建築師乾久美子團隊擔任設計，以清水混凝土和大片落地玻璃，營造出簡練清爽的空間。

encross裡面有候車區、圖書閱覽區、觀光情報站、兒童遊戲區以及社區交流空間。為了推廣在地物產，這裡有一個名為「Nobeoka 100 mile project」的專案，以延岡為中心，只販售直徑100公里以內的地域選物。此外，星巴克咖啡店和宮崎縣第一家蔦屋書店也進駐於此。

1

✉ 宮崎縣延岡市幸町3-4266-5
☎ 0982-20-3900
🕘 08:00～21:00，1樓的等候空間從5:00開始開放
➡ JR延岡站直達
http encross-nobeoka.jp

①北浦月之塩蛋白糖霜脆餅(¥430)／②encross是延岡車站裡樓高2層的複合建築／③④宮崎縣第一家的蔦屋書店／⑤宮崎白玄堂柑橘紅茶(¥648)／⑥Regolith Coffee掛耳式咖啡包(各¥173)

5

2

6

4

3

圍裙亭 えぷろん亭

知名海鮮料理店經營的海邊民宿

如果在網上搜尋「圍裙亭」，搜尋結果可能大部分都是料理的照片。事實上，這座豎立在日南海岸公路旁邊的白色小木屋建築，的確是一家口耳相傳的人氣海鮮料理店，後來才慢慢開始經營民宿的生意。

全館只有3個房間，包括1間洋式雙床房、1間和洋室和1間最多可容納6人的Loft公寓，房間陽台皆有180度面對著太平洋的景觀，伴隨著海浪聲入眠，身心也被徹底療癒了。

- 宮崎縣宮崎市內海7493
- 0985-67-0225
- (2人1室，附早餐) 洋式雙床房¥10,926起，和洋室¥13,704起，Loft公寓¥18,334起
- 由宮崎出發，使用宮崎IC往青島日南方向約30分鐘；JR日南線「小內海」站往南徒步約15分鐘；或乘搭宮崎交通「洋香園」站下車步行約2分鐘
- www.facebook.com/epurontei

①圍裙亭以附近港口現撈海鮮所製作的餐點而聞名／②洋式雙床臥室以木調咖啡色為主，呈現平靜安穩的大人風格／③被松林環繞的頂級度假區

宮崎大洋喜來登度假飯店 シェラトン・グランデ・オーシャンリゾート

遠離喧囂的5星級豪華住宿

說到宮崎縣的頂級度假區，不得不提雄踞在宮崎市東北部太平洋沿岸、占地面積達700公頃的鳳凰喜凱亞度假區，區內有高爾夫球場、溫泉以及好幾間飯店，其中又以宮崎大洋喜來登度假飯店最為著名。

樓高154公尺的宮崎大洋喜來登度假飯店豎立在度假區的中心地帶，四周被高聳茂密的松林環繞，共提供736個客房，每間客房皆能居高臨下地將太平洋的壯麗景色盡收眼底。

- 宮崎縣宮崎市山崎町濱山
- 0985-21-1113
- 雙床房¥19,000起，和室4人房¥41,336起，5人房¥45,420起
- 宮崎機場和宮崎港設有直達巴士，或從宮崎交通City站乘坐喜來登度假飯店路線前往，車程大概40分鐘
- seagaia.co.jp

宮崎日航都市飯店

ホテルJALシティ宮崎

位於鬧區的舒適住宿

宮崎日航都市飯店位於市內的鬧區，步行不到5分鐘就能抵達橘通和中央通等購物美食集中地。隸屬日本知名的大倉日航飯店集團，樓高12層的宮崎日航都市飯店共提供210間客房，雖然定位為連鎖商務飯店，但房間裝潢舒適高雅、具空間感，CP值不錯！

- 宮崎縣宮崎市橘通西4-2-30
- 0985-25-2580
- 標準單人房¥5,800起，經濟雙人房¥7,900起，標準雙床房¥12,400起
- 從JR宮崎站步行約10分鐘
- www.miyazaki-jalcity.co.jp

①標準單人房¥5,800起／②宮崎日航都市飯店位於宮崎市內的鬧區／③位於車站旁的JR九州宮崎飯店，非常適合鐵路遊旅客

JR九州宮崎飯店

JR九州ホテルズ宮崎

地點優越！緊鄰車站的飯店

JR九州飯店的特色就是地理位置超級方便，要麼直接連接火車站，不然也維持在步行1分鐘的路程內，省去很多交通及拉行李的時間，非常適合鐵路遊的旅客，而且就算在深夜抵達也能快速找到！

這間JR九州宮崎飯店位於宮崎站的西口，房間寬敞而且重視舒適性，清爽的客房配色加上Simmons品牌的床墊，令人一夜好眠。

- 宮崎縣宮崎市錦町1-10
- 0985-29-8000
- 標準單人房¥6,100起，經濟雙人房¥6,600起，標準雙床房¥9,600起，三人房¥11,400起
- JR宮崎站西口即達
- www.jrk-hotels.co.jp/Miyazaki

基本旅遊資訊

簽證資訊

日本政府自2005年9月26日起，對在台設有戶籍者（即護照上登載有持照人之身分證統一編號者）實施免簽證措施，每次可停留90天。

語言

基本上以日文為主，在一些主要的觀光景點、車站或觀光綜合案內所會有懂中文或是英文的工作人員，但偏遠地區就只能以日文溝通。現在日本年輕一代大多也略懂英文，使用簡單的英文單字加上身體語言，或是用紙筆把要去的地方寫下，甚至展示該地方的圖片也可以。

電壓

100V（東日本50Hz、西日本60Hz），日本用的電插座是雙平腳插座。

時差

比台灣快1小時。

退稅

只要在貼有免稅標誌的商店購物滿¥5,000以上就可退稅，包包、鞋子、服飾和工藝品等一般商品都納入免稅範圍，就連食物、藥妝等消耗品也能退稅。大部分百貨公司和購物中心都有免稅櫃檯，出示護照就能馬上辦理，非常方便。每位消費者必須在同一店鋪內消費，於當天完成辦理免稅手續，非當日購買的物品不能累積合計，購物時也不能使用其他人的信用卡付款，敬請留意。

日本免稅店：tax-freeshop.jnto.go.jp

消費習慣

1. 日本並無支付小費習慣。
2. 2019年10月開始，商品消費稅為10%。
3. 不少店家接受使用西瓜suica，PASMO，ICOCA卡等IC卡付費，省去帶銅板的麻煩。
4. 某些飯店及餐館，除了要支付消費稅以外，可能還要另外收取消費額10～15%的服務費。
5. 除少數特定地方外，大部分商店不接受討價還價。
6. 國內發行之VISA、MASTER等信用卡均可使用，但如果在大城市以外的地方消費，最好還是事先準備現金。

緊急情況

倘遇緊急情況，可立即與台北駐日經濟文化代表處人員聯絡，或撥電話110或119(24小時服務)。不會日語的人，最好先說明自己是外國人，即可獲轉通譯中心處理。

遇到犯罪或發生交通事故時，請聯絡：

- **警察署**：110
- **警察局英語熱線**：3501-0110
- 發生火災、生病、受傷等緊急情況時，請聯絡：119
- 台北駐日經濟文化代表處緊急聯絡電話：
- **專線**：(81-3)3280-7917(24小時服務)

● **手機：** 自國內撥打：(81-80)6557-8796，(81-80)6552-4764

● **日本境內直撥：** 080-6557-8796，080-6552-4764

*緊急聯絡電話專供緊急求助之用（如車禍、搶劫、有關生命安危緊急情況等）

官方觀光導覽

九州觀光推進機構
www.welcomekyushu.tw

九州觀光資訊的入門網站，標語是「Relax & Rejoice ONSEN ISLAND KYUSHU」，以九州地區引以自豪的「溫泉王國」為切入點，配合美食、自然景觀以及各種獨特體驗活動，介紹九州7個縣的獨特魅力。

熊本縣觀光網站 Nagomi 紀行
kumanago.jp/tw

提供縣內各區的旅遊景點、道地美食、觀光活動、住宿和交通等實用資訊。網站支援中文、韓文、英文、德文和法文5種語言。

鹿兒島旅遊指南
www.kagoshima-kankou.com/tw

詳細列出縣內各個地區的景點、美食和節日慶典等資訊，也提供前往鹿兒島的交通方式、氣候等旅行必備資訊。除了中文，也提供韓文和英文的介面。

宮崎市觀光協會
www.miyazaki-city.tourism.or.jp/tcn

除了介紹宮崎市內的觀光景點，也包括縣內各個熱門地區的資訊，提供實用的交通和住宿資訊，可迅速掌握宮崎的觀光情報，另外，也提供韓文及英文的介面。

行程規畫

YOKOSO Japan
www.yokosojapan-tour.com/zh-TW

為日本最大型旅遊網站之一，提供超過500款日本各地巴士遊、自由行產品及特色活動等。

e路東瀛
www.japanican.com/tw

由日本歷史最悠久的JTB旅行社營運，主要提供日本國內住宿預訂、當地一日遊、門票以及文化體驗行程等。

KKday
www.kkday.com/zh-tw

提供超過80個國家、500多個城市的旅遊體驗行程，可預訂各種在地旅遊遊，以及門票和交通票券等。

鹿児島おじゃったもんせ！
www.facebook.com/kagoshimaojattamonse

以鹿兒島為據點的九州旅遊諮詢媒體，設有日文、中文和英文的私人導遊行程，也提供翻譯及口譯等服務。

旅行超實用10句日文

日本是一個觀光大國，旅遊配套完善，就算不會日文，只要利用簡單的英語加上身體語言也能跟日本人溝通，但如果會講幾句簡單的日文，無論是見面打招呼、點餐或是入住飯店，也會帶來許多方便，同時讓你的日本之旅更舒心！

表達你聽不懂日文時：

1. 不好意思，我不會日文。

日語：すみません。日本語がわかりません。

讀音：Sumimasen. Nihongo ga wakarimasen.

簡單有禮地打招呼：

2. 你好／您好！

日語：こんにちは

讀音：Konnichiwa

3. 早安！

日語：おはようございます

讀音：Ohayōgozaimasu

4. 謝謝！

日語：ありがとうございます

讀音：Arigatōgozaimasu

5. 對不起／不好意思（相當於英語的 Excuse me）

日語：すみません

讀音：Sumimasen

可以簡單說出口的句子：

6. 我的名字是〇〇。

日語：私の名前は〇〇です。

讀音：watashino namaewa 〇〇 des

7. 請給我〇〇／我要買〇〇

日語：〇〇ください。

讀音：〇〇 kudasai

8. 我要辦理入住手續。

日語：チェックインお願いします。

讀音：Chekkuin onegaishimasu

臨時情況需使用的句子：

9. 說英語也可以嗎？

日語：英語でも、いいですか？

讀音：Eigo demo, idesu ka?

10. 請問廁所在哪裡？

日語：トイレはどこですか？

讀音：Toire wa doko desuka

鹿兒島方言（鹿兒島弁）

鹿兒島方言（日文：鹿児島弁）屬於九州方言中的「薩隅方言」，與一般日本標準語有很大差異。NHK 大河劇《西鄉殿》以鹿兒島為舞台，劇中頻頻出現的鹿兒島弁有時讓其他地區的日本人也摸不著頭緒。

其實，光是劇名中的「殿」已經用上鹿兒島方言的發音「Don」，類似「桑」（さん）的意思，使用當地方言，聽上去會更親切，難怪這部劇集在鹿兒島地區獲得前所未有的高收視率！

南九州交通資訊

查詢網站

SunQ Pass
www.sunqpass.jp/traditional

日本巴士e路通
japanbusonline.com/zh-tw

實用交通APP

乘換案內
www.jorudan.co.jp/iphone/norikae

乗り換え案内 NAVITIME
products.navitime.co.jp/service/transfer

JR九州
www.jrkyushu.co.jp/Chinese

九州鐵路周遊券比較

乘車券類別／可使用的列車	全九州版鐵路周遊券	北部九州版鐵路周遊券	南部九州版鐵路周遊券
九州新幹線 (瑞穗號、櫻花號、燕子號)	○	○ 僅限搭乘博多～熊本區間的九州新幹線	○ 僅限搭乘熊本～鹿兒島中央區間的九州新幹線
特快列車「音速」	○	○	×
特快列車「海鷗」	○	○	×
特快列車「綠」	○	○	×
特快列車「豪斯登堡」	○	○	×
特快列車「由布院之森」	○	○	×
特快列車「由布」	○	○	×
特快列車「九州橫斷特急」	○	○	○
特快列車「阿蘇男孩!」	○	○	○
特快列車「翡翠 山翡翠」	○	×	○
特快列車「坐A列車去吧」	○	○	○
特快列車「日輪喜凱亞」	○	○	○
特快列車「日輪」	○	×	○
SL人吉	○	×	○
伊三郎、新平	○	×	○
特快列車「隼人之風」	○	×	○
特快列車「指宿之玉手箱」	○	×	○
特快列車「海幸山幸」	○	×	○
特快列車「霧島」	○	×	○
價格(成人)	3日¥15,280，5日¥18,330	3日¥8,660， 5日¥10,190	3日¥7,500

SunQ Pass比較

乘車券類別／可使用的地區	九州全境+下關	九州北部+下關	九州南部
福岡	○	○	×
佐賀	○	○	×
長崎	○	○	×
大分	○	○	×
熊本	○	○	○
宮崎	○	×	○
鹿兒島	○	×	○
下關	○	○	×
價格	3日¥11,000(日本購買)，¥10,000(訪日遊客價格) 4日¥14,000	3日¥9,000(日本購買)，¥7,000(訪日遊客價格)	3日¥8,000(日本購買)，¥6,000(訪日遊客價格)

航空交通資訊

福岡機場是九州熱門的航空玄關，靠近中部地區的熊本縣、南部的鹿兒島縣和宮崎縣雖然也有直航往來班機，但航班不算特別多。關於最新的飛航資訊，請查詢各航空公司。

阿蘇熊本機場
阿蘇くまもと空港
www.kmj-ab.co.jp/tw

阿蘇熊本機場的直航國際線主要有往來高雄、香港、首爾和大邱。由高雄出發，可選乘每週二、五及日出發的班機，飛行時間約為 2 小時；由台北出發，則要先飛抵福岡或鹿兒島，再換乘火車前往熊本；由香港出發，可選擇搭乘每週二、四、六出發的班機，飛行時間約 3 小時 15 分鐘。由熊本阿蘇機場乘搭九州產交巴士前往熊本站，車程大約60分鐘。

鹿兒島機場 鹿児島空港
www.koj-ab.co.jp

鹿兒島機場位於霧島市，國際線主要有往來台北桃園國際機場、香港國際機場、首爾仁川機場和上海浦東機場。目前往返桃園國際機場與鹿兒島機場的定期航班，逢週一、二、四、五及日啟航，飛行時間約為 2 小時 10 分鐘；此外，每天也有直航往返香港和鹿兒島之間班機，飛行時間約為 3 小時 10 分鐘。由鹿兒島機場前往市區可乘搭機場巴士，抵達鹿兒島中央站的車程大約 40～60分鐘。

宮崎機場
宮崎ブーゲンビリア空港
www.miyazaki-airport.co.jp

宮崎機場距離市中心大約 5 公里，搭乘JR宮崎機場線，只需10分鐘就能輕鬆直達宮崎車站。目前主要有台北和首爾2條國際航線，每星期有2趟往返台北的定期航班，逢星期三及六啟航，飛行時間約為2小時15分。

交通優惠乘車券

乘搭高速巴士

部分鐵道不能直達的景點，建議乘坐巴士，購買九州特有的巴士優惠券「SunQ Pass」，就可以連續3天或4天隨意乘坐區內的長途巴士，以及幾乎所有路線巴士，出發前先購買，比在日本國內購買更划算喔！唯部分高速巴士路線非常熱門，建議提早網上訂座。

乘搭火車

自 2011 年九州新幹線全線開通以後，整個九州被方便快捷的 JR 列車網路覆蓋。若然打算環島遊或是乘搭特色的觀光列車，購買九州鐵路周遊券會比較划算，周遊券主要分為3日券和5日券，3日券可使用10次指定席，5日券可用16次。

九州自駕租車

九州的鐵道跟巴士雖然非常發達，但部分景點還是鐵道不能直達，或是由於巴士班次太疏落而令人十分煩惱，如果人數超過3人，而且想要自己掌握時間，選擇自駕租車是一個不錯的省錢方法。不過，由於台灣的國際駕照在日本無法直接使用，出發前需要到全國各地公路監理單位的綜合窗口申請日文譯本，取車時也要出示台灣駕照。

在日本，大部分的出租車都設有汽車導航系統GPS，導航系統先進可靠，而且介面清晰，就算不懂日文也很容易上手，最簡單的方法是以電話號碼搜查目的地的路線。此外，亦不妨購買由NEXCO西日本推出的「Kyushu Expressway Pass」，以優惠價格無限次使用九州的高速公路，方案金額從2天¥3,500起，使用期間越長越划算。

查詢網站

Kyushu Road Trip
www.welcomekyushu.tw/kyushu-road-trip

日本道路交通資訊中心
www.jartic.or.jp

Kyushu Expressway Pass
global.w-nexco.co.jp/tw/kep

日本租車公司

豐田租車
rent.toyota.co.jp/index.aspx

日產租車
nissan-rentacar.com/tc

日本租車
www.nrgroup-global.com/tw

ORIX租車
car.orix.co.jp/tw

Times租車
www.timescar-rental.com/zh_tw

Budget租車
www.budgetrentacar.co.jp/zh

自駕租車步驟

Step 1 網路預約

建議出發前先網路預約，特別在旅遊旺季，例如日本的黃金週或是連續假日，一些CP值高的車子特別容易「缺貨」，只剩下那些年資很長的舊車。

Step 2 辦理租車手續

日本機場都設有租車公司的櫃檯，提供所需資料和瞭解服務條款後就可以簽名確認，服務員會帶你去領車。

Step 3 取車

檢查車輛沒有問題後，就可以開車離開。日本是右駕，跟台灣相反，因此在路上要特別注意方向和標示，同時維持良好的駕駛態度。

Step 4 歸還車輛

在日本，歸還車輛前要加滿油，也就是日文的「滿」(發音：MA-N-TA-N)，順帶一提，在日本所租的車子，大部分都是加92或95無鉛汽油(regular，日文為レギュラー)。此外，也要緊記租車公司的營業時間，如果該店太早關門的話，遲了歸還便得多付一天的租金了。

氣候資訊

熊本縣 冷暖溫差大

熊本縣的氣後主要分為內陸、海洋及高山型氣候3種類型，冷暖溫差大是最大的氣候特徵。

內陸型氣候的地區主要有熊本市、八代平野，一天內的溫差最高曾達24度！海洋性氣候的天草地方相對來說比較暖和；高山型氣候的阿蘇．球磨一帶年平均溫度偏低，就算春天到訪也得準備冬天的衣物，此外，熊本的雨量豐富，為九州的第一名，年降雨量超過2,000公厘，6月底~7月是梅雨季。

鹿兒島縣 溫帶和亞熱帶氣候

鹿兒島縣的海岸線綿長，以種子島、屋久島和奄美群島為首的島嶼占了全縣總面積的大約27％。

7月	8月	9月	10月	11月	12月
7月第3個星期一：海之日	8/11：山之日	9月第3個週一：敬老日 9/23前後：秋分	10月第2個週一：體育日	11/3：文化日 11/23：勞動感謝日	
	8月中旬：山鹿燈籠祭(山鹿市) 8月第1個週五及六：火之國祭(熊本市)		10月中旬～下旬八代全國煙火競技大賽(八代市) 10月第1個週六：黑川溫泉感謝祭(南小國町)	11月下旬：八代妙見節(八代市)	
7月中旬～8月上旬：「六月燈」(鹿兒島縣內各神社) 7月中旬～8月上旬：霧島國際音樂節(霧島市) 每年7月：櫻島 錦江灣橫渡遠游大會(鹿兒島市)	8月下旬：天孫降臨霧島祭(霧島市) 8月中旬～下旬：錦江灣夏夜煙火大會(鹿兒島市) 8月第一個週末：屋久島神山祭(屋久島)	9月最後1個週末：指宿溫泉祭(指宿市) 9/22：川內大拔河(薩摩川內市)	每年10～11月：薩摩維新節(鹿兒島市) 10月最後一個週末：妙圓寺參拜(日置市)	11/2～3：小原祭(鹿兒島市) 每年11月：仙巖園菊花祭(鹿兒島市)	
7月第2個週末：田代神社「御田祭」(美鄉町)	8月下旬：宮崎青島國際啤酒節(宮崎市) 8月第2個週六：日向火男夏日祭(日向市)		10月第3個週末：飫肥城下祭(日南市)	11月下旬～2月上旬：高千穗夜神樂(高千穗町) 11月第1個週末：西都古墓祭(西都市) 11月第2個週五及六：椎葉平家節(椎葉村)	12月中旬：青島太平洋馬拉松(宮崎市)

由於幅員廣大，包含了從溫帶至亞熱帶的廣範圍氣候，較其他地區的氣候更複雜多變，但總而言之，氣候溫暖，全年平均氣溫為18.9度，5～7月是降水量最多的季節，占全年降水量的三分之一。

宮崎縣 南國「熱」情

宮崎位於九州的東南海岸，全年氣候溫暖，日照時間更是全日本首屈一指，連冬天也幾乎天天是晴天，加上到處種滿了茂密的梧桐樹和棕櫚樹，是一處洋溢著典型南國氣氛的地區！

5月下旬～7月上旬是宮崎的梅雨季節，7月開始，受西南風影響，是宮崎縣一年中最熱的時期，除了特別要注意強烈的日曬外，夏季也偶爾受颱風侵襲。

祭典、節慶一覽・期間限定！不能錯過的活動

	1月	2月	3月	4月	5月	6月
全日本國定假日	1/1：新年 1月的第2個週一：成人節	2/11：建國紀念日 2/23：天皇誕辰	3/21前後：春分	4/29：昭和之日	5/3：憲法紀念日 5/4：綠之日 5/5：兒童節	
熊本縣		2月每週五及六：山鹿燈籠浪漫 百華百彩(山鹿市)	3月下旬：阿蘇神社「撒火祭神儀式」(阿蘇市)	4/1～黃金週期間：杖立溫泉鯉魚旗祭(小國町)	5月第1個週末：人吉御城祭(人吉市)	
鹿兒島縣	1月第2個星期日：油菜花馬拉松(指宿市)	2月上旬～4月下旬：仙巖園「曲水之宴」(鹿兒島市)	農曆1/18後的下2個星期日：鹿兒島神宮「初午祭」(霧島市)		每年5月：錦江灣公園花之祭(鹿兒島市)	
宮崎縣	成人節：青島神社「青島裸祭」(宮崎市)	2/1：鵜戶神宮例祭(日南市)	3月中旬～4月上旬：天城開門節(宮崎市)	4月第3個週五、六、日：延岡今山大師節(延岡市) 4月下旬～5月中旬：宮崎國際音樂祭(宮崎市)		6月上旬：北川螢火蟲節(延岡市)

作　　者　Gloria
插　　畫　Panda彭達熊

總 編 輯　張芳玲
發想企劃　taiya旅遊研究室
編輯部主任　張焙宜
企劃編輯　翁湘惟
主責編輯　翁湘惟
封面設計　簡至成
美術設計　簡至成

太雅出版社
TEL：(02)2882-0755　FAX：(02)2882-1500
E-mail：taiya@morningstar.com.tw
郵政信箱：台北市郵政53-1291號信箱
太雅網址：http://taiya.morningstar.com.tw
購書網址：http://www.morningstar.com.tw
讀者專線：(04)2359-5819 分機230

出 版 者　太雅出版有限公司
台北市11167劍潭路13號2樓
行政院新聞局局版台業字第五〇〇四號

總 經 銷　知己圖書股份有限公司
106台北市辛亥路一段30號9樓
TEL：(02)2367-2044／2367-2047　FAX：(02)2363-5741
407台中市西屯區工業30路1號
TEL：(04)2359-5819 FAX：(04)2359-5493
E-mail：service@morningstar.com.tw
網路書店：http://www.morningstar.com.tw
郵政劃撥：15060393(知己圖書股份有限公司)

法律顧問　陳思成律師
印　　刷　上好印刷股份有限公司　TEL：(04)2315-0280
裝　　訂　大和精緻製訂股份有限公司　TEL：(04)2311-0221

初　　版　西元2019年10月01日
定　　價　340元

(本書如有破損或缺頁，退換書請寄至：
台中市西屯區工業30路1號 太雅出版倉儲部收)
ISBN　978-986-336-348-4
Published by TAIYA Publishing Co.,Ltd.
Printed in Taiwan

(本書如有破損或缺頁，請寄回本公司發行部更換，或撥讀者服務專線04-23595819)

國家圖書館出版品預行編目(CIP)資料

南九州質感漫旅：熊本x宮崎x鹿兒島 / Gloria著. -- 初版. -- 臺北市：太雅, 2019.10
面；　公分. -- (世界主題之旅；134)
ISBN 978-986-336-348-4(平裝)
1.旅遊 2.日本九州
731.7809　　108012270

編輯室提醒

出發前，請記得利用書上提供的Data再一次確認

雖然本書的作者與編輯已經盡力，讓書中呈現最新最完整的資訊，但是，我們仍要提醒本書的讀者，必要的時候，請多利用書中的電話，再次確認相關訊息。

資訊不代表對服務品質的背書

本書作者無法為所有服務生或任何機構的職員背書他們的品行，甚或是費用與服務內容也會隨時間調動，所以，因時因地因人，可能會與作者的體會不同，這也是旅行的特質。門票和交通票券的價格若出現跟書中的價格有微小差距，請以平常心接受。

新版與舊版

太雅旅遊書通常修訂時，還會新增餐廳、店家，重新製作專題，所以舊版的經典之作，可能會縮小版面，或是僅以情報簡短附錄。不論我們作何改變，一定考量讀者的利益。

謝謝眾多讀者的來信

歡迎讀者將你所知道的變動後訊息，善用我們提供的「線上回函」或是直接寫信來taiya@morningstar.com.tw，讓華文旅遊者在世界各地成為彼此的幫助。

太雅旅行作家俱樂部